Arno Backhaus

Lieber Lachfalten als Tränensäcke
Arnos Spaßtraktat Nr. 2

Arno Backhaus

Lieber Lachfalten als Tränensäcke

Arnos Spaßtraktat Nr. 2

Illustrationen von Jörg Peter

Brendow.
VERLAG + MEDIEN

Bibliografische Information Der Deutschen Bibliothek
Die Deutsche Bibliothek verzeichnet diese Publikation in der
Deutschen Nationalbibliografie; detaillierte bibliografische Daten
sind im Internet über www.d-nb.de abrufbar.

8. Auflage 2011
ISBN 978-3-86506-237-6
© 2002 by Brendow & Sohn GmbH, Moers
Einbandgestaltung: Brendow Verlag, Moers
Titelfoto: Colourbox
Satz: AbSatz, Klein Nordende
Druck und Bindung: CPI – Clausen & Bosse, Leck
Printed in Germany

www.brendow-verlag.de

INHALT

Lachen Sie sich doch mal krank!

Nichts ist gesünder auf der Welt, als sich ab und zu krank zu lachen! Ist Ihnen klar, dass Lachen kein Geld kostet, keinen Platz und keine Vorbereitung braucht? Trotzdem ist die Fähigkeit, Freude, Spaß und Ausgelassenheit bewusst zu suchen, nicht sehr verbreitet.

Wer zu ernst im Leben ist, hat es schwerer. Es pfeifen die Spatzen von den Dächern: Wer öfter lacht, lebt gesünder! Und ganz nebenbei ist Lachen effektiver als Joggen, trainiert das Lachen doch sage und schreibe 240 von insgesamt 630 Körpermuskeln. Es tut gut, wieder einmal seine Lachmuskeln zu spüren, das ist so entspannend. Eine ganze Forschungsrichtung, die Gelotologie (gelos = Lachen (griech.) / Gelotologie = Die Wissenschaft vom Lachen), beschäftigt sich inzwischen mit der Erforschung des Humors.

Eine ständige Selbst- und Fremdüberforderung macht stumpf und taub für die leichte, beschwingte und fröhliche Seite des Lebens. Aber auch innere Konflikte behindern die Lebensfreude. Ein Mensch, der unter Minderwertigkeitsgefühlen leidet, wird sich kaum Freude und Glück gönnen können. Er wird wenig lachen und seine Lachmuskeln werden geschwächt sein. Lebensfreude zeigt sich auf den Gesichtern. Lachen und Lächeln sind Zeichen für einen inneren Zustand. Aber nur die Lachmuskeln zu aktivieren erzeugt noch keine Lebensfreude. Sie ist ein komplexeres und ganzheitliches Ereignis. Und sie hat direkt etwas mit Gott zu tun!

Jeder Mensch ist als Gottes Gegenüber dem Schöpfer ähnlich. Und dass Gott nicht humorlos ist, wird in der Bibel mehrfach belegt. »Evangelium« heißt ja nichts anderes als »Frohe Botschaft«. Gott lässt durch Jesus eine Froh-Botschaft vermitteln, keine Droh-Botschaft. Sein Ziel ist keine Enge, sondern Weite, kein Zwang, sondern Freiheit, keine Trauer, sondern Freude, kein Klagen, sondern Lachen, kein Leid, sondern Tanz, keine Verkrampftheit, sondern Gelassenheit, keine Anklage, sondern Befreiung, keine Absonderung, sondern Gemeinschaft. All das ist Gottes Ziel, und je intensiver wir Jesus in unserem persönlichen Leben ernst nehmen und ihm erlauben, unser Leben zu bestimmen und zu beeinflussen, desto mehr wird unser Leben von dieser Freude und Ausgelassenheit geprägt sein, dem Lachen (über uns …) und der Heiterkeit, der Gelassenheit und Barmherzigkeit und der grundsätzlichen Dankbarkeit.

Das wünsche ich jedem Leser dieses Buches. Und wer sich anstecken lässt von der Freude, der lässt andere Anteil nehmen. Freude verstecken ist ein Widerspruch in sich. Wir brauchen mehr Menschen, die den Mut haben, ihre Herzlichkeit zu zeigen, die andere anstecken mit ihrer Hoffnung, die andere einladen zum Tanz. Es gibt einen schönen Spruch: »Mensch lerne tanzen, dass die Engel im Himmel etwas mit dir anfangen können!«

Wann haben Sie das letzte Mal so richtig von Herzen gelacht? Ich hoffe, dass es mir mit diesem Buch gelingt, Sie zum Lachen zu bringen. Dann hätte sich die Arbeit gelohnt.

Arno Backhaus

Kapitel 1

Zum Lachen muss man geboren sein ...
... sonst könnte man ja auch nicht lachen!

Eine Familie aus einem Entwicklungsland ist zum ersten Mal in einem Kaufhaus. Während die Mutter sich die Dessous anschaut, stehen Vater und Sohn voller Staunen vor einer geteilten Metalltür, die sich wie von Geisterhand öffnet und einen kleinen Raum freigibt. Fragt der Sohn: »Vater, was ist das?« Der Vater: »Mein Sohn, so was habe ich im Leben noch nicht gesehen!« Da humpelt eine kleine alte Dame mit einem schrumpeligen Gesicht in den Aufzug. Die Tür schließt sich, und Vater und Sohn beobachten die Lampen über der Tür, wie sie nacheinander aufleuchten: 1 – 2 – 3 – 2 – 1. Da geht die Tür auf und eine fantastisch aussehende Blondine verlässt den Lift. Ruft der Vater seinem Sohn zu: »Schnell! Hol deine Mutter!«

Arbeite, als würdest du kein Geld brauchen,
Liebe, als hätte dich noch nie jemand verletzt,
Tanze, als würde keiner hinschauen,
Sing, als würde keiner zuhören,
Lebe, als wäre das Paradies auf der Erde.

9

Sehtest bei der Bundeswehr: »Können Sie mir die Buchstaben dort an der Wand mal vorlesen.« – »An welcher Wand?«

Im Kino in einer bayerischen Stadt. Mitten in der Vorstellung schreit ein Mann aus dem Publikum: »Ich habe eine Brieftasche mit 1.200,– Euro Inhalt verloren. Zahle dem ehrlichen Finder 100,– Euro Belohnung!« Brüllt einer aus der zweiten Reihe: »Zahle 200 …«

Verkäufer: »Die neuen Schuhe werden in den ersten Tagen vielleicht noch etwas drücken.« Kunde: »Das macht nichts. Ich wollte sie sowieso erst in der nächsten Woche anziehen.«

Eine Blondine und ein Rechtsanwalt sitzen nebeneinander im Zug. Dem Rechtsanwalt ist langweilig und er denkt, er zockt mal eben die Blondine ab: »Entschuldigen Sie, hätten Sie Lust auf ein Spiel? Wir stellen uns gegenseitig eine Frage, und wer keine Antwort hat, der gibt dem anderen fünf Euro.« Die Blondine will aber ihre Ruhe und lehnt ab. Der Anwalt bleibt hartnäckig und erhöht zu ihren Gunsten den Einsatz, weil sie bestimmt eh nichts weiß. »Sie bekommen 50 Euro, ich weiterhin nur 5 Euro für jede nichtbeantwortete Frage.« Okay, die Blondine lässt sich darauf ein. Der Anwalt stellt eine lange, komplizierte, juristische Frage und nachdem sie keine Antwort wusste, bekommt er seine fünf Euro. Dann ist die Blondine dran: »Was hat vier Beine, wenn es den Berg raufgeht, und drei Beine, wenn es herunterkommt?« Der Anwalt überlegt, befragt mehrere CD-ROMs, sucht durch das Internet und gibt schließlich der Blondine 50 Euro. Sie steckt sie ein und dreht sich um. »Okay«, meint der Anwalt, »und was ist die Antwort?« Darauf dreht sich die Blondine um und gibt ihm fünf Euro …

11

Der Ort: ein Zug auf dem Weg nach Stuttgart, darin ein Eisenbahnabteil. Die Beteiligten: vier Personen – eine ältere Frau mit ihrer zwanzigjährigen Tochter, ihnen gegenüber ein Bayer und daneben ein Schwabe. Der Zug fährt in den Cannstatter Tunnel, alles wird dunkel. Man hört ein lautes Kussgeräusch und wie jemand einem anderen eine Backpfeife gibt. Was haben sich die Personen gedacht? Die Mutter dachte: »So eine Unverschämtheit, küsst doch einer dieser Flegel meine Tochter. Zum Glück hat sie ihm eine Backpfeife gegeben.« Die Tochter dachte: »Ach, wie schade, da wollte einer dieser Herren mich küssen – und erwischt meine Mutter. Zu allem Überfluss langt sie ihm auch noch eine.« Der Bayer dachte: »So ein Mist. Der Typ da neben mir küsst das junge Mädchen und ich krieg von der Alten eine gescheuert.« Der Schwabe denkt: »Hat ja prima geklappt! Im nächsten Tunnel schnalze ich wieder mit der Zunge und dann kann ich dem Bayern noch eine scheuern.«

»Der Schuh passt wie angegossen!«, meint die kurzsichtige Kundin. »Warum haben Sie mir den nicht schon früher gezeigt?« Kontert die Verkäuferin: »Meine liebe Dame, darf ich Sie darauf aufmerksam machen, dass Sie gerade den Karton anprobieren!«

Kommt ein Kunde aufgeregt in eine Drogerie und fragt: »Wer hat meiner Frau vor einer Stunde anstatt Zahnpasta Alleskleber verkauft?« Lange Stille. Dann meldet sich das Lehrmädchen und gesteht. Der Kunde geht auf sie zu, drückt ihr zehn Euro in die Hand und sagt: »Danke!«

Denk auch mal darüber nach:

Falls du heute Morgen gesünder als kranker aufgewacht bist, bist du glücklicher als 1 Million Menschen, welche die nächste Woche nicht erleben werden.

Falls du nie einen Kampf des Krieges erlebt hast, nie die Einsamkeit durch Gefangenschaft, die Agonie des Gequälten, oder Hunger gespürt hast, dann bist du glücklicher als 500 Millionen Menschen der Welt.

Falls du in die Kirche gehen kannst ohne die Angst, dass dir gedroht wird, dass man dich verhaftet oder dich umbringt, bist du glücklicher als 3 Milliarden Menschen der Welt.

Falls sich in deinem Kühlschrank Essen befindet, du angezogen bist, ein Dach über dem Kopf hast und ein Bett zum Hinlegen, bist du reicher als 75 Prozent der Einwohner dieser Welt.

Falls du ein Konto bei der Bank hast, etwas Geld im Portemonnaie und etwas Kleingeld in einer kleinen Schachtel, gehörst du zu 8% der wohlhabenden Menschen auf dieser Welt.

Falls du diese Nachricht liest, bist du doppelt gesegnet worden, denn:

1.) Jemand hat an dich gedacht und hat dir das Buch geschenkt oder du bist von Gott mit Kraft und Begabungen ausgerüstet, dass du arbeiten, Geld verdienen und dir das Buch kaufen konntest. Und:

2.) Du gehörst nicht zu den 2 Milliarden Menschen, die nicht lesen können.

Als eine Dame in die U-Bahn steigt, erhebt sich ein Herr von seinem Platz. »Bitte«, sagt sie zu ihm, »behalten Sie doch Ihren Platz!« Etwas später erhebt er sich wieder, doch die Dame besteht darauf, dass er sitzen bleibt. Beim dritten Mal platzt dem Mann der Kragen: »Lassen Sie mich endlich aufstehen, Ihretwegen hab ich jetzt schon zwei Stationen verpasst …!«

Ein Einarmiger kommt in einen Frisörladen. Ein Lehrling im ersten Lehrjahr schneidet dem Kunden die Haare. Es ist sein erster Haarschnitt überhaupt und er schneidet aus Versehen und vor Aufregung dem Kunden zuerst ins rechte Ohr, kurze Zeit später ins linke. Nachdem er den Lehrling beobachtet hat, sagt der Meister: »Du musst dich auch etwas mit dem Kunden unterhalten, das macht dich sicherer und weniger nervös.« Der Lehrling nimmt sich das zu Herzen und fragt den Kunden »Waren Sie schon mal hier?« Daraufhin der Kunde: »Nee, den Arm habe ich im Krieg verloren.«

Meier geht zu dem Mieter, der die Wohnung unter ihm hat, und sagt: »Ich will meinen Flur tapezieren. Wie viele Rollen Tapete haben Sie denn damals für Ihren Flur gekauft?« – »Sieben.« Herr Meier bedankt sich. Eine Woche später kommt er erneut: »Was haben Sie mir denn da erzählt? Bei mir sind fünf Rollen übrig geblieben!« – »Bei mir damals auch.«

»Wie geht's dir eigentlich mit deinen neuen Kontaktlinsen?« – »Super! Seitdem treffe ich ständig Leute, die ich schon Jahre nicht mehr gesehen habe!«

Der Besuch verabschiedet sich spät: »Tut uns Leid; wir hoffen, wir sind nicht zu lange geblieben.« – »Nein, um diese Zeit stehen wir sowieso immer auf.«

Kunde beim Bäcker: »Ich hätte gern 99 Brötchen!« – »Warum nehmen Sie denn nicht gleich 100?« – »Ja, meine Güte, wer soll die denn alle essen?«

Frage: »Was ist das? Tagsüber sitzt man drauf, nachts schläft man drin und morgens putzt man sich damit die Zähne?« Antwort: »Ein Stuhl, ein Bett und eine Zahnbürste.«

»Können Sie mir bitte behilflich sein, mein rechtes Bein auf den Sitz zu legen?« Mitleidig erfüllt der Mitreisende im Zugabteil den Wunsch. Nach einer kleinen Weile: »Wären Sie so freundlich, mir das Kissen aus dem Gepäcknetz zu geben?« Auch dieser Wunsch wird hilfsbereit erfüllt – und eine Reihe weiterer Gefälligkeiten. Schließlich fragt der Mitreisende: »Was fehlt Ihnen eigentlich?« – »Mir fehlt gar nichts, aber ich habe Urlaub!«

Klaus und Johannes sitzen im Kino. Kurz vor der Pause sieht man einen Cowboy, der auf einen Kaktus zureitet. Dann geht das Licht an. Klaus sagt zu Johannes: »Ich wette, dass der Cowboy in den Kaktus reitet.« Johannes antwortet: »Das glaube ich nicht. So dumm ist dieser Cowboy nicht.« Die beiden verabreden, dass sie nach der Vorstellung eine Flasche Wein trinken gehen und dass der Verlierer der Wette bezahlt. Klaus gewinnt die Wette. So genießen die beiden nach der Vorstellung den Wein in einem Restaurant. Kurz bevor es ans Bezahlen geht, sagt Klaus: »Ich muss dir gestehen, dass die Wette nicht fair war. Ich habe den Film bereits zum zweiten Mal gesehen.« Darauf antwortet Johannes: »Ja, und ich zum fünften Mal. Aber ich hätte nie gedacht, dass dieser Dummkopf noch einmal in den Kaktus reitet.«

»Paul, du hast dich aber verändert!« – »Ich heiß doch gar nicht Paul.« – »Was, und Paul heißt du auch nicht mehr?«

Ein Tourist zu einem Einheimischen: »Sagen Sie, wenn ich jetzt links abbiege und dann immer geradeaus gehe, ist dann dort der Bahnhof?« – »Ja, aber der ist da auch, wenn Sie nicht hingehen.«

Ein schwäbisches Ehepaar wandert durch die Alpen und fällt in eine Gletscherspalte. Am nächsten Tag hören sie eine Stimme von oben rufen: »Hallo, hier ist das Rote Kreuz!« Darauf ruft der Schwabe zurück: »Mir gäbet nix!«

BIG NEWS

Endlich wurde das Ergebnis einer Meinungsumfrage veröffentlicht, die von der UNO in Auftrag gegeben worden war.

Die Frage lautete: »Sagen Sie bitte ehrlich Ihre Meinung zur Lebensmittel-Knappheit im Rest der Welt.«

Das Ergebnis war wie folgt:

Die Europäer haben nicht verstanden, was »Knappheit« bedeutet.

Die Afrikaner wussten nicht, was »Lebensmittel« sind.

Die Amerikaner fragten, was unter »dem Rest der Welt« zu verstehen sei.

Die Chinesen baten verwundert um zusätzliche Erklärungen zum Begriff »Meinung«.

Im italienischen Parlament diskutiert man zur Stunde noch über die Bedeutung des Begriffs »ehrlich«.

»Wo warst du im Urlaub?« – »In Berlin, an der Nordsee«. »Aber Berlin liegt doch nicht an der Nordsee!« – »Ach so. Darum hatten wir es immer so weit bis an den Strand.«

Wir und die Welt

Wenn wir die ganze Menschheit auf ein Dorf von 100 Einwohnern reduzieren würden, aber auf die Proportionen aller bestehenden Völker achten, würde dieses Dorf so zusammengestellt werden:

57 Asiaten
21 Europäer
14 Amerikaner (Nord und Süd)
8 Afrikaner
52 wären Frauen
48 wären Männer
70 nicht Weiße
30 Weiße
70 Nicht-Christen
30 Christen
89 Heterosexuelle
11 Homosexuelle
6 Personen würden 59 Prozent des gesamten Weltreichtums besitzen ... und alle 6 Personen kämen aus der USA.
80 hätten keine ausreichenden Wohnverhältnisse
70 wären Analphabeten
50 wären unterernährt
1 würde sterben
2 würden geboren
1 hätte einen PC
1 (nur einer) hätte einen akademischen Abschluss

Wenn man die Welt aus dieser Sicht betrachtet, wird jedem klar, dass das Bedürfnis nach Zusammengehörigkeit, Verständnis, Akzeptanz und Bildung notwendig ist.

Ein Mann fragt einen anderen: »Eh du, kennst du Bert?« – »Welcher Bert denn?« – »Camembert.« – »Oh Mann!« Am nächsten Tag die gleiche Frage: »Eh du, kennst du Bert?« – »Welcher Bert denn?« – »Camembert.« – »Oh Mann!« Der Mann geht zu seinem Chef und sagt: »Da ist einer, der fragt mich immer, ob ich Bert kenne. Ich frage dann: ›Welcher Bert denn?‹, und er sagt dann: ›Camembert‹, und ich sag dann immer: ›Oh Mann!‹« Der Chef daraufhin: »Da gibt es doch eine einfache Lösung. Frag ihn doch mal, ob er Löscher kennt. Dann fragt er, welcher Löscher, und dann sagst du: ›Feuerlöscher‹, und dann sagt er: ›Oh Mann.‹«

Der Mann ist begeistert, geht los und fragt ganz selbstbewusst: »Kennst du eigentlich Löscher?« – »Ist das der Bruder von Bert?« – »Von welchem Bert denn?« – »Camembert.« – »Oh Mann.«

Der Firma Stollwerk sind jetzt 100 Tonnen Schokolade geklaut worden. Ja, das war echt bitter. Wären es nur 50 Tonnen gewesen, wäre es halbbitter gewesen.

»Was versprichst du dir davon, Rasierklingen in deine Kartoffelbeete zu pflanzen?« – »Kartoffel-Chips.«

»Sag mal, wozu hat ein Hubschrauber eigentlich oben diesen Propeller?« – »Na, das ist doch klar – das ist ein Ventilator!« – »Ist doch Quatsch!« – »Nein, ich bin doch neulich erst mit einem mitgeflogen. Da ist der Propeller plötzlich stehen geblieben. Was glaubst du, wie der Pilot da geschwitzt hat!«

»Die japanischen Männer lassen sich jetzt wieder Koteletten wachsen.« – »Warum das denn?« – »Weil Sony ein Handy mit Klettverschluss entwickelt hat.«

»Kennst du ein ostfriesisches Frühstück?« – »Nein« – »Eine Wurst, ein Schnaps und ein Hund.« – »Für was ist denn der Hund?« – »Ja, irgendeiner muss doch die Wurst essen.«

Der Kunde im Tabakladen: »Ich möchte gerne ein Paar karierte Socken.« – »Tut mir Leid, mein Herr, aber wir führen hier nur Artikel für Raucher.« – »Ich bin Raucher!«

Ein elfjähriger Junge spaziert die Straßen entlang und raucht dabei stolz eine Zigarette. Eine Dame sieht dies und spricht ihn daraufhin an: »Sag mal, mein Kleiner, weiß deine Mutter eigentlich, dass du hier Zigarette rauchend durch die Straßen ziehst?« Darauf der Bengel ungeniert: »Weiß Ihr Mann eigentlich, dass Sie hier in der Stadt fremde Männer ansprechen?«

»Wenn Sie noch eine Zeit lang leben wollen, müssen Sie aufhören zu rauchen!« – »Dazu ist es jetzt zu spät.« – »Zum Aufhören ist es nie zu spät!« – »Na, dann hat's ja noch Zeit …«

Kapitel 2

Als Gott sprach: »Es werde Licht …«

… da waren schon alle Leitungen verlegt

Der Vorarbeiter am Fließband wird vom Chef gefragt: »Na, wie macht sich denn der Neue?« – »Der geht mir langsam auf die Nerven mit seinem ewigen ›Nanu, da kommt ja schon wieder so'n Ding …!‹«

Ein Schreiner, ein Elektriker und ein Maurer streiten sich, wer das älteste Handwerk hat. Sagt der Maurer: »Wir haben damals in Ägypten die Pyramiden gebaut!« Meint der Schreiner: »Wir bauten Noahs Arche!« Sagt der Elektriker: »Jungs das könnt ihr alles vergessen! Als Gott sprach: ›Es werde Licht!‹, da waren schon alle Leitungen verlegt!«

»Was ist der Unterschied zwischen dem Knast und unserem Betrieb?« – »Keine Ahnung!« – »Ganz einfach: Im Knast weißt du wenigstens, *wann* du entlassen wirst!«

Der Chef zur Sekretärin: »Schreiben Sie ›Streng vertraulich‹ darüber. Ich möchte sicher sein, dass es wirklich jeder liest.«

Ratschlag eines Ungenannten

BLEIBE an der Arbeit, die Gott dir gegeben hat!

HAU nicht ab, weil der Löwe brüllt; höre nicht auf, die Hunde des Teufels zu steinigen, und verplempere nicht deine Zeit, indem du die Hasen des Teufels jagst!

LASS die Lügner lügen, lass Institutionen zusammenbrechen, lass den Teufel sein Schlimmstes tun – aber achte du darauf, dass nichts dich hindert, die Arbeit zu tun, die Gott dir gegeben hat!

ER hat dir nicht befohlen, reich zu werden.

ER hat dir niemals die Aufgabe übertragen, falschen Aussagen über dich, mit denen Satan und seine Diener hausieren gehen, zu widersprechen.

WENN du solche Dinge tust, wirst du nichts anderes mehr tun; du wirst für dich selbst an der Arbeit sein, aber nicht für den Herrn.

BLEIBE an der Arbeit! Lass dein Ziel so fest stehen wie einen Fixstern.

ES kann sein, dass du angegriffen, ungerecht behandelt, verletzt, verleumdet und abgelehnt wirst.

ES kann sein, dass Feinde dich beschimpfen, Freunde dich im Stich lassen und die Übrigen dich verachten und nicht haben wollen.

ABER achte darauf – mit unerschütterlicher Entschlossenheit und unablässigem Eifer –, dass du dem großen Ziel deines Lebens und dem

Sinn deines Daseins nachjagst, bis du schließlich dem gleichst, der am Ende seines irdischen Lebens zu Gott sagen konnte: »Ich habe das Werk vollendet, das du mir gegeben hast.«

>»Ich habe deine Herrlichkeit auf der
>Erde sichtbar gemacht;
>denn ich habe die Aufgabe erfüllt,
>die du mir übertragen hast.«
>(Johannes 17, 4)

>»Wer seine Hand an den Pflug legt und sieht zurück,
>der ist für das Reich Gottes nicht brauchbar.«
>(Lukas 9, 62)

Eine Sekretärin erzählt ihrer Freundin: »Mein Chef ist ja so was von hektisch. Wenn ich morgens mein Butterbrotpapier nicht gleich in den Papierkorb werfe, unterschreibt er das auch noch.«

Der Firmeninhaber lässt den Buchhalter zu sich kommen. »Herr Müller, Sie machen Überstunden noch und noch. Doch seitdem Sie bei mir sind, haben Sie noch nie eine Gehaltserhöhung verlangt. Sagen Sie einmal: Welche krummen Dinger drehen Sie eigentlich bei uns?«

Der Aufsichtsrat zum Vorstand: »Na, wie macht sich denn der neue Buchhalter?« – »Toll, dieser Mann.« – »Kann er denn soviel?« – »Ja, er ist gelernter Frisör.« – »Und dann kann er Bücher führen?« – »Wieso führen? Frisieren, frisieren!«

Stolz sitzt der frisch ernannte Abteilungsleiter in seinem neu eingerichteten Büro. Als ein junger Mann sein Büro betritt, greift er zum Telefon: »… Aber ja, Herr Direktor – wirklich ein reizender Abend gestern bei Ihnen, Herr Direktor – aber ja, bis dann …« Er hängt wieder ein, wendet sich an den Besucher: »Was kann ich für Sie tun?« – »Nichts, ich will nur das Telefon anschließen!«

»Hast du gehört? Unser Direktor ist verstorben.« – »Ja, und ich frage mich die ganze Zeit, wer da mit ihm gestorben ist.« – »Wieso mit ihm?« – »Na, in der Anzeige stand doch: ›Mit ihm starb einer unserer fähigsten Mitarbeiter …‹«

»Ich möchte Ihren Chef sprechen.« – »Geht leider nicht, er ist nicht da!« – »Aber ich habe ihn doch durchs Fenster gesehen!« – »Er Sie auch!«

Der Chef zum neuen Angestellten: »Ihr erster Tag, und schon kommen Sie zu spät!«
Darauf dieser: »Ich bitte um Entschuldigung, aber unten am Fahrstuhl steht: Nur für acht Personen. Und was glauben Sie, wie lange ich warten musste, bis die anderen sieben da waren.«

»Sag mal, kann mein Sohn nicht in deiner Firma arbeiten, der sucht eine Arbeit?« – »Was hat er denn gelernt?« – »Nix.« – »Super, dann brauchen wir ihn auch nicht umzuschulen.«

Firma Schöpfer & Sohn
137 Himmelreich
In der Heiligkeit 12

Abt. Zorn + Recht

An
Mein Geschöpf
XOX111 Erdreich

Dritte und letzte Mahnung

Leider haben Sie auf die beiden vorausge-
henden Mahnungen nicht reagiert. Nach
unseren Büchern sind sowohl die Schul-
den, die Sie von Ihren Eltern übernommen
haben, wie auch Ihre eigenen, seit Ihrer
Geburt bis heute nicht beglichen worden.

Da es sich in beiden Fällen um überaus
große Beträge handelt, sahen wir uns
gezwungen, Zwangsmaßnahmen gegen Sie
einzuleiten, falls Sie nicht innerhalb
von zehn Tagen Ihr Konto voll ausgeglichen haben.

Wahrlich !
Ihr Gott

P. S. Ihre bisher zur Schau gestellte
Sorglosigkeit können wir uns nur durch
den leichtfertigen Ruin Ihres Gedächt-
nisses erklären. Hier zur Erinnerung
einige der größten offenen Posten:

AEROGRAMME•VIA AIRMAIL•PAR AVION

Sie erhielten von uns:

⇨ einen Körper, funktionstüchtig,
   komplett ausgestattet, Einzel-
   anfertigung von hohem künstlerischem
   Wert
⇨ eine größere Menge an Verstand
   und Gefühl
⇨ einen ausgeprägten Willen samt
   Anleitung zum Gebrauch
⇨ mehrere hochwertige Begabungen
   und Fähigkeiten
⇨ eine ausreichende Menge
   an Urvertrauen
⇨ ein überaus kostbares Leben
⇨ viel Geschichte, Tradition,
   Erziehung etc.
⇨ tägliche Lieferung von Lebensmitteln
⇨ eine speziell auf Ihre Bedürfnisse
   abgestellte Umwelt, samt Anleitung
   zum vernünftigen Umgang
⇨ Rohstoffe, Energie etc.
⇨ seelische Kräfte, Freude
⇨ ein wenig Weisheit (auf Wunsch
   hätten wir gerne mehr geliefert)
⇨ Eltern, Nachbarn, Freunde,
   Mitmenschen
⇨ hochwertige Berufsausbildung (zur
   Freizeit und Liebesfähigkeit) inkl.
   aller dazu notwendigen Probleme
   und Schmerzen

Hinzu kommen die Mahnkosten (Krankheit
etc.) und vor allem die hohen Schadens-
ersatzforderungen für alles durch Ihre
Versäumnisse, Fehltritte und Dienst-
pflichtverletzungen entstandene Unheil,
wie Misstrauen, Streit, Neid etc.

Junger Mann: »Ich möchte gerne auf dem Bau arbeiten.« Polier: »Das wollen alle. Können Sie die Maurersprache?« Junger Mann: »Na klar doch!« Polier: »Gut, wir werden ja sehen.«

Der Mann arbeitet also an der Mischmaschine. Der Polier im fünften Stock sieht nach unten zum jungen Mann, zeigt seine fünf Finger und steckt den Daumen in den Mund. Der Mann unten hält mit beiden Händen die Augen zu, dann die Hände an die Augenbrauen mit offenen Augen und dann die Hände als »Geweih« an die Stirn. Der Polier versucht es noch einmal mit dem gleichen Resultat. In der Pause macht er den jungen Mann an: »Sie haben ja keine Ahnung von der Maurersprache.« Antwort des jungen Mannes: »Wieso, Sie wollten fünf Bier – und ich habe gefragt: Dunkles Bier, helles Bier oder Bockbier?«

Ein Angestellter möchte von seinem Chef mehr Geld haben: »Haben Sie nicht auch den Eindruck, dass mein Gehalt in keinem Verhältnis zu meinen Fähigkeiten steht?« – »Sie haben Recht, aber ich kann Sie doch nicht verhungern lassen.«

Der neue Stift findet immer wieder Gründe, einen freien Tag herauszuschlagen: »Herr Direktor, könnte ich bitte am Donnerstag frei bekommen? Meine große Schwester heiratet!« Der Chef kennt Heinis Ausreden und antwortet ausweichend, dass er sich die Sache überlegen wolle. Zwei Stunden später lässt er Heini rufen: »Ich habe inzwischen Ihre Schwester angerufen. Sie sagte, dass sie ja schon längst verheiratet sei!« – »Herr Direktor, dann können Sie ja noch besser lügen als ich – ich habe nämlich gar keine Schwester.«

Kapitel 3

Geliebt, gelebt, geraucht, gesoffen ...
und alles dann vom Doktor hoffen

Chirurgen können alles, wissen nichts. Internisten wissen alles, können nichts. Psychiater haben keine Ahnung und können nichts, haben aber für alles Verständnis. Pathologen wissen alles, können alles, kommen aber leider immer zu spät.

Was ist der Unterschied zwischen einem Mediziner und einem Kapuziner? Der Mediziner hat ein Heilserum und der Kapuziner ein Seil herum.

Ein Arzt stellt mitten in der Nacht fest, dass sein Keller unter Wasser steht. Sofort ruft er einen Klempner an. Dieser weigert sich allerdings, zu dieser späten Stunde noch zu kommen. Daraufhin erklärt der Arzt ihm aufgebracht, dass er auch mitten in der Nacht kommen muss, wenn er zu einem Notfall gerufen wird. Eine Viertelstunde später ist der Klempner da. Gemeinsam mit dem Arzt betritt er die Kellertreppe, die bereits zur Hälfte unter Wasser steht. Der Klempner öffnet seine Tasche, holt zwei Dichtungsringe heraus, wirft diese ins Wasser und sagt: »Wenn es bis morgen nicht besser ist, rufen Sie bitte wieder an.«

Ein Ehemann rast zum Doktor. »Kommen Sie schnell, meine Frau hat wahnsinnig hohes Fieber!« – »Wie hoch denn?« – »Tja, unser Fieberthermometer ist kaputt, aber das Einkochthermometer steht auf Mirabellen.«

Ein Mann geht mit seinem Hund an einem See spazieren. Plötzlich sieht er, wie sich eine Frau mit letzter Kraft über Wasser hält und dann bewusstlos zurücksinkt. Er springt ins Wasser, packt sich die Frau und zieht sie ans Ufer. Er legt sie auf den Rücken und beginnt mit ihren Armen pumpende Bewegungen zu machen. Jedes Mal kommt ein dicker Wasserstrahl aus ihrem Mund geschossen. Ein Fahrradfahrer hat inzwischen angehalten, schaut dem Treiben zu und schüttelt den Kopf. Der Mann pumpt weiter und jedes Mal kommt ein Wasserstrahl aus dem Mund der Frau. Der Fahrradfahrer schüttelt nur den Kopf und meint, dass das so nie etwas wird. Nach einiger Zeit platzt dem Lebensretter der Kragen, und er schnauzt den Fahrradfahrer an: »Mensch, seien Sie still! Ich weiß, was ich tue, ich bin Arzt!« – »Na ja«, meint der andere, »aber ich bin Ingenieur, und ich sage Ihnen: Solange die Frau ihren Hintern im Wasser hat, pumpen Sie höchstens den See leer.«

Ein Künstler fragt den Galeristen, ob sich irgendjemand für seine Gemälde interessiert hätte. »Ich habe eine gute und eine schlechte Nachricht für Sie«, sagt der Galerist. »Die gute ist, dass gestern ein Herr sich nach Ihren Bildern erkundigt hatte. Er fragte mich, ob die Bilder nach Ihrem Tode im Wert steigen würden. Als ich das bejahte, hat er alle 15 Bilder gekauft.« – »Hey, das ist ja fantastisch«, freut sich der Künstler, »und was ist die schlechte Nachricht?« – »Dieser Herr war Ihr Doktor.«

Mitternacht in der Kleinstadt. Lautes Klopfen an der Haustür weckt den Landarzt.

Schlaftrunken fragt er: »Was gibt's?« – »Was verlangen Sie für einen Krankenbesuch auf einem Bauernhof, ungefähr sieben Kilometer von hier?« – »20 Euro.« – »Okay, dann kommen Sie schnell.« Der Arzt zieht sich an, greift seine Tasche, holt das Auto aus der Garage und lässt sich von seinem nächtlichen Besucher zu dem abgelegenen Hof lotsen. »Hier sind die 20 Euro.« – »Und wo ist der Kranke?« – »Es gibt gar keinen. Aber ich konnte beim besten Willen um diese Zeit kein Taxi auftreiben.«

»Mein Sohn hat Rheuma.« – »Wie kommen Sie darauf?« – »Ja, meine Frau sagt jeden Tag zu ihm ›Rheuma auf!‹«

Beim Augenarzt: »Ich brauche eine Brille, Herr Doktor.« – »Kurzsichtig oder weitsichtig?« – »Durchsichtig reicht.«

Arzt zum Patienten: »Ja, mein Lieber, mit Ihnen sieht es schlecht aus. Sie haben Wasser in den Beinen, Kalk in den Arterien und Steine in den Nieren!« – »Herr Doktor, jetzt sagen Sie nur noch, dass ich Sand im Gehirn habe, dann fange ich sofort an zu bauen.«

Ein Mann sitzt in der Badewanne und schimpft leise vor sich hin: »Idiotische Medizin – dreimal täglich zehn Tropfen im warmen Wasser einzunehmen.«

Das Zimmermädchen stürzt aufgeregt ins Hotelbüro: »Der Gast von Zimmer 212 hat einen Lachkrampf. Soll ich einen Arzt rufen?« – »Das ist nicht nötig«, meint der Direktor. »Zeigen Sie ihm die Rechnung.«

Pfarrer beim Krankenbesuch: »Wie kam das denn nur mit Ihren angesengten Ohren?« – »Na, ich war gerade beim Bügeln, da hat das Telefon geklingelt und da habe ich statt des Telefonhörers aus Versehen das Bügeleisen ans Ohr gehalten.« – »Aber warum ist das andere Ohr auch versengt?« – »Als ich mir das Ohr verbrannt hatte, wollte ich anschließend den Notarzt anrufen!«

»Leider müssen wir, wenn Ihr Leben gerettet werden soll, das rechte Bein amputieren!« – Kranker: »Da bin ich aber froh, Herr Doktor! Ich dachte schon, Sie würden mir das Bier verbieten!«

»Schwer zu sagen, was Sie haben«, sagt der Doktor. »Liegt wahrscheinlich am Alkohol.« – »Macht nichts, Herr Doktor. Dann schau ich ein anderes Mal wieder rein, wenn Sie nüchtern sind.«

Psychiater: »Haben Sie Entscheidungsschwierigkeiten?« – Klient: »Ja und nein.«

Zwei Psychotherapeuten laufen sich über den Weg. Sagt der eine: »Wissen Sie, wo es zum Bahnhof geht?« Der andere: »Nein, aber ich find's gut, dass wir darüber reden.« Ein Jahr später treffen sie sich wieder: »Na, wissen Sie jetzt, wo der Bahnhof liegt?« – »Nein, Herr Kollege, aber ich habe inzwischen gelernt, damit umzugehen.«

Kapitel 4

Was macht ein Ostfriese bei Ebbe?
Von Ausländern und anderen Ländern

Ein Schotte kommt mit seiner Frau an einem Würstchenstand vorbei. »Oh, wie das duftet!« – »Ja, wenn du willst, gehen wir auf dem Rückweg noch einmal daran vorbei!«

»Wie komme ich denn zu der nächsten menschlichen Behausung?«, fragt ein Autoreisender einen Araber in der Wüste. Der überlegt und sagt: »Da fahren Sie jetzt immer geradeaus, und übermorgen biegen Sie links ab.«

Wie beginnt das Rezept für Omelett in einem schottischen Kochbuch? Man leihe sich sechs Eier.

Russen und Amerikaner landen in einer Gemeinschaftsaktion auf dem Mars. Sagt der Ami nach dem obligatorischen Spaziergang: »Mist, die Deutschen waren schon hier !« – »Wieso?« – »Na, lies mal das Schild da: AMT FÜR MARSANGELEGENHEITEN.«

Eine Geschichte, die das Leben schrieb

Two strangers meet in London. They start a conversation but they have to use their dictionary quite often.

Hallo, Sir, how goes it you?

Oh, thank you for the afterquestion.

Are you already long here? Can you tell me about this town?

No, first a pair days. I am not out London. You overasked me!

Thunderweather, that overrushed me. You see but so out.

That can yes beforecome. But now what other: My hairs stood to mountain as I the traffic saw. So much cars gives it here. You are on the woodway if you believe that in London horse-droveworks go.

Will we now beer drink go? My throat is outdried. But look, there is a guesthouse, let us man there go in!

That is a good think! Equal goes it loose. I will only my shoe-band close. I must have my earlypiece! Okay, I shall pay it, yesterday I got my gostop over meadows.

Here we are. Make me please the door open.

But there is a beforehangingcastle. Auf Wiedersehen!

Nanu, Sie sind Deutscher?

Ja, Sie auch? Das wundert mich aber. Ihr Englisch ist so hervorragend, dass ich es gar nicht bemerkt hätte.

And now I make me – me nothing, you nothing – out of the dust.

Managerseminar: Am ersten Tag treffen sich die 30 internationalen Teilnehmer zu einem Allgemeinwissen-Test. »Der Modus ist einfach«, erklärt der Seminarleiter, »ich nenne ein Zitat, Sie sagen mir, wer es wo und wann gesagt hat. Fangen wir gleich an: ›Vom Eise befreit sind Strom und Bäche …‹« Im Saal herrscht eisiges Schweigen, bis sich ein kleiner Japaner meldet: »Johann Wolfgang von Goethe, Faust, Osterspaziergang, 1806.« Die Teilnehmer murmeln anerkennend, der Seminarleiter nennt das nächste Zitat: »Der Mond ist aufgegangen, die goldnen Sternlein prangen …« Wie aus der Pistole geschossen kommt vom Japaner: »Matthias Claudius, Abendlied, 1782.« Die anderen Teilnehmer sehen betreten zu Boden, als der Seminarleiter wieder loslegt: »Festgemauert in der Erden …« – »Schiller«, strahlt der Japaner, »das Lied von der Glocke, 1799.« Die Manager sehen sich blamiert. In der ersten Reihe murmelt einer der Teilnehmer: »Scheiß-Japaner!« Wieder ertönt die Stimme von ganz hinten: »Max Grundig, CeBit, 1982!«

Der österreichische Regierungschef besuchte den Schweizer Bundesratspräsidenten, um sich über all diese Österreicher-Witze zu beschweren, die man sich in der Schweiz erzählt. »Man könnte auf die Idee kommen, alle Österreicher seien dumm«, sagte er. »Du solltest das nicht so ernst nehmen«, antwortete der Bundesratspräsident, »es handelt sich ja nur um Witze und nicht um Tatsachen. Und es gibt auch dumme Schweizer. Ich werde dir das gleich beweisen.« Er ging zu seinem Chauffeur und sagte: »Fahren Sie bitte zu mir nach Hause und sehen Sie nach, ob ich dort bin.« Der Chauffeur machte sich sogleich auf den Weg. »Der ist wirklich strohdumm«, sagte der österreichische Regierungschef. »Da ist doch eine Telefonkabine. Es wäre doch viel einfacher gewesen anzurufen.«

Am 11. September 2001 starben außerdem ...

35.615 Kinder – an Unterernährung

Ort:	verarmte Länder dieser Welt
Pressemitteilung:	keine
Mitteilungen des Präsidenten:	keine
Krisensitzungen:	keine
Solidaritätskundgebungen:	Keine
Schweigeminuten:	Keine
Botschaft der Kirchenführer:	Keine
Börsengeschehen:	gut
Stand des Euro:	unbeeinflusst
Gefahrenstufe:	keine
Militärbereitschaft:	keine
Vermutung über Identität der Täter:	keine
vermutlicher Aufenthaltsort:	reiche Länder

Ein Mann geht in Hamburg zum Fahrkartenschalter und verlangt eine Fahrkarte nach Peking. Der Schalterbeamte erklärt ihm: »Hmm, Peking ... Peking ... Da weiß ich nicht so genau Bescheid, wissen Sie was, ich verkaufe Ihnen erst mal eine Fahrkarte nach Warschau, dort wissen die dann schon weiter.« In Warschau weiß man auch nicht so genau, wie das mit Peking ist, und verkauft dem Mann erst mal eine Fahrkarte nach Moskau, dort eine nach Wladiwostok und dort endlich weiß der Schalterbeamte, wie man eine Fahrtkarte nach Peking ausstellt. Nach einer sehr, sehr langen Fahrt erreicht der Mann Peking. Irgendwann steht natürlich das Problem der Rückfahrt an. Der Mann geht in Peking an den Fahrkartenschalter und verlangt ganz dreist eine Fahrkarte nach Hamburg in Deutschland. Darauf der Beamte: »Hamburg-Altona oder Hamburg Hauptbahnhof?«

Ein amerikanischer und ein deutscher Bauunternehmer wetten, wer als Erster einen Wolkenkratzer fertig stellt. Nach einem halben Jahr ruft der Amerikaner beim Deutschen an. »Nur noch 30 Tage, und mein Hochhaus ist fertig!« Daraufhin der Deutsche: »Nur noch 30 Formulare und Anträge, und wir können mit dem Bau beginnen.«

Was macht ein Ostfriese bei Ebbe? – Er verkauft Bauland an Japaner.

Kapitel 5

»Das Nummernschild blockiert die Einfahrt!«
Wasser im Vergaser und andere Tücken

Eine Durchsage während einer Konferenz: »Der Fahrer des Wagens mit dem Kennzeichen KS-ML 34699102648392675496494 möchte bitte sein Auto vor dem Haus wegfahren, das Nummernschild blockiert die Einfahrt.«

»Vor 50 Jahren gab es kein Auto. Da brauchten die Leute für 50 km einen Tag.« – »Was haben sie mit der Zeit gemacht?« – »Sie haben Autos erfunden und so viele Autos konstruiert und in den Umlauf gebracht, dass man heute wegen der vielen Staus wieder einen Tag für 50 km benötigt.«

An einem Silvesterabend in einer verkehrsreichen Einbahnstraße fährt ein Auto in der falschen Richtung. Ein Polizist hält den Autofahrer an und fragt: »Wo wollen Sie denn hin?« – »Das weiß ich auch nicht so genau, aber ich muss ziemlich spät dran sein, die anderen kommen alle schon zurück.«

In einem Seniorenheim klagen die älteren Herrschaften bei einer Tasse Kaffee über ihre Wehwehchen. »Mein Arm ist so unbeweglich geworden, dass ich nicht einmal mehr die Tasse richtig halten kann«, meint ein älterer Mann. »Das ist noch gar nichts. Meine Augen sind so schlecht, dass ich den Kaffee gar nicht richtig sehen kann«, meint darauf eine ältere Dame. Ein anderer älterer Herr versucht, noch einen draufzusetzen: »Mir ist den ganzen Tag schwindlig, seit ich die neuen Blutdrucktabletten nehme.« Einen Moment herrscht betroffenes Schweigen. Dann meint eine andere Dame: »Ach, so hoffnungslos ist es doch gar nicht. Wenigstens können wir alle noch Auto fahren.«

Statistisch gesehen ...

▷ baut jeder Bundesbürger in seinem Leben
  0,3 Häuser
▷ kauft 10,1 Autos
▷ pflegt 2,3 Hunde
▷ und stirbt 1 x am Ende.

Schade, wenn man den Tod so auf sich
zukommen lässt.

Henry Ford in einer Privataudienz beim Papst: »Heiliger Vater, könnten Sie das PATER NOSTER nicht so ändern, dass da irgendwo das Wörtchen FORD vorkommt?« – Der Papst ist entrüstet: »Wo denken Sie hin?!« – »Oh, Heiliger Vater, nur ganz unauffällig. Sie können sich denken, ich bin da nicht knauserig …« – »Nein, das ist ein Ding der Unmöglichkeit!« – »Ich biete Ihnen 10 Mio. Dollar!« – Der Papst wird traurig: »Sie betrüben mich, mein Sohn.« – »Dann«, sagt Henry Ford, »sagen Sie mir wenigstens, was Fiat für das FIAT VOLUNTAS TUA bezahlt hat!«

SIE: »Das Auto ist kaputt. Es hat Wasser im Vergaser.« ER: »Wasser im Vergaser? Das ist doch lächerlich!« SIE: »Ich sag dir, das Auto hat Wasser im Vergaser!« ER: »Du weißt doch nicht mal, was ein Vergaser ist! Ich werde das mal überprüfen. Wo ist das Auto?« SIE: »Im Pool!«

Treffen sich zwei Golffahrer. Sagt der eine: »Du, ich will meinen Golf verkaufen. Der hat aber schon 160.000 km auf dem Tacho!« Erwidert der zweite: »Na und, bau einfach die Tachowelle ab und dreh den Kilometerstand mit einer Bohrmaschine runter. Ist zwar illegal, aber solange es keiner merkt …« Nach einer Woche treffen sich die beiden wieder. Fragt der zweite: »Und, hast du deinen alten Golf verkauft?« Antwortet der erste: »Nö, ich bin doch nicht so blöd und verkaufe ein Auto, das nur 20.000 km auf dem Tacho hat!«

Kommt ein Mann aufgeregt aufs Polizeirevier. »Gerade als ich aus dem Kino kam, sah ich, wie jemand mit meinem Wagen wegfuhr!« – »Haben Sie denn gesehen, wie die Person aussah?« – »Leider nicht, aber zum Glück habe ich mir die Autonummer notiert!«

Fährt ein Mercedes 500 auf der A 45 und wird von der Polizei angehalten. Autofahrer: »Oh, war ich zu schnell?« Polizist: »Nein, im Gegenteil! Sie dürfen ruhig schneller fahren. So 100 Sachen sollten schon drin sein!« Autofahrer: »Aber hier steht doch überall 45!« Polizist: »Das ist doch nur die Autobahnnummer!« Die Polizisten gucken ins Wageninnere. Dort sitzen zwei ältere Damen, stocksteif, riesige Augen, Pupille auf unendlich. Polizist: »Was ist denn mit denen los?« Autofahrer: »Ja, wissen Sie, ich komme gerade von der B 252!«

Mutter: »Fritzchen, schau mal zum Fenster raus! Was hat denn da eben so gekracht?« Fritzchen: »Da wollte ein Auto in die Seitenstraße abbiegen.« Mutter: »Aber da ist doch gar keine Seitenstraße!« Fritzchen: »Deshalb hat es ja auch so gekracht!«

Ein Busfahrer aus Ostfriesland steht ratlos vor einer Unterführung. Nur um wenige Millimeter ist sein Vehikel zu hoch. Da kommt ein Tourist vorbei und rät dem Busfahrer: »Sie müssen nur etwas Luft aus den Reifen lassen, dann kommen Sie problemlos durch die Unterführung!« Grummelt der Busfahrer: »Von wegen, Sie Klugscheißer, mir fehlen die Millimeter oben, nicht unten!«

Kapitel 6

Die sieben letzten Worte der Kirche:
»Das haben wir schon immer so gemacht!«

Vor der Kirche hängt ein großes Plakat mit der Aufschrift: »Weißt du, was Höllenqualen sind?« Darunter steht mit Kugelschreiber geschrieben: »Wenn nicht, komm hierher und höre dir den Organisten an!«

Zwei Pfarrer treffen sich und der eine klagt: »Schlechte Zeiten, keine Hochzeiten, keine Bestattungen mehr.« – »Stimmt«, meint der andere, »und wenn man nicht ab und zu unter die Leute ginge, gäbe es auch keine Taufen mehr.«

Sagt eine Nonne zur anderen: »Tja, jetzt sind so viele schöne Sachen von dem kalten Büfett von gestern übrig geblieben. Pack alles in einen Korb und bring ihn den Bauarbeitern gegenüber. Aber stelle sie auf die Probe, ob sie denn auch fromm sind.« Die Nonne geht rüber zu den Bauarbeitern. Den ersten, den sie trifft, spricht sie an: »Ich bringe etwas zu essen. Aber vorher noch eine Frage: Kennst du Pontius Pilatus?« Der Bauarbeiter grübelt, ruft dann seinem Kollegen ein Stockwerk höher zu: »Sag mal, kennste Pontius Pilatus?« Der schüttelt den Kopf und ruft zum Nachbargerüst: »Ej, is Pontius da?« Dann ruft er zu seinem Kollegen: »Nö. Aber was willste denn von dem?« – »Ja, hier is seine Olle, die will ihm das Essen bringen!«

Manche machen das, was ihre Eltern ihnen gesagt haben

Manche reden das nach, was »man« ihnen vorplappert
Manche tun das, was der Chef sagt
Manche handeln so, wie sie erzogen worden sind
Manche denken das, was die Medien ihnen vordenken
Manche verhalten sich so, wie es der Zeitgeist vorschreibt
Manche werden so wie ihre Freunde
Nur von Gott wollen sie sich nichts vorschreiben lassen

Ein Theologiestudent antwortet auf Fragen seines Professors immer: »Ja, wissen Sie, da gibt es zwei Möglichkeiten.« Im Examen möchte der Professor ihm endlich eine Frage stellen, auf die er nicht »seine« Antwort geben kann. Er fragt: »Herr Student, Sie werden zu einer Nottaufe gerufen, haben aber nur eine Suppe zur Verfügung. Können Sie damit taufen?« Darauf der Prüfling: »Ach wissen Sie, da gibt es zwei Möglichkeiten: Wenn es eine Suppe ist wie in der Mensa, dann kann ich damit taufen. Wenn es aber eine Suppe ist wie bei Herrn Professor zu Hause, dann kann ich damit nur die letzte Ölung vornehmen.«

»Woher hast du das blaue Auge?« – »Ach, als wir gestern bei Tisch ›… und erlöse uns von dem Übel!‹ gebetet haben, hab ich zufällig meine Schwiegermutter angeguckt …«

Einfach zu beschäftigt

Satan hat eine weltweite Versammlung einberufen. In seiner Eröffnungsansprache sagte er zu seinen Dämonen:

»Wir können die Christen nicht davon abhalten, in die Gemeinde zu gehen. Wir können sie auch nicht vom Bibellesen abhalten und davon, die Wahrheit zu erkennen. Wir können sie nicht einmal davon abhalten, dass sie eine intime, persönliche Liebesbeziehung zu Jesus entwickeln. Wenn sie diese Beziehung zu Jesus gewinnen, ist unsere Macht über sie gebrochen! Also lasst sie in ihre Gemeinden gehen; lasst ihnen ihren konservativen Lebensstil, aber stehlt ihre ZEIT, so dass sie nicht in diese tiefe Beziehung mit Jesus Christus kommen können! Das ist es, was ich, Satan, von euch will, das ihr tun sollt, meine Engel. Lenkt sie einfach ab.«

»Wie sollen wir das anstellen?«, fragten seine Dämonen. »Haltet sie mit unwichtigen Nebensächlichkeiten des Lebens beschäftigt und erfindet unzählige Programme, um ihre Gedanken in Besitz zu nehmen«, antwortete Satan. »Verleitet sie zum Ausgeben, Verbrauchen, Verschwenden und zum Ausleihen, Borgen und wiederum Ausborgen. Überredet die Frauen, lange Stunden arbeiten zu gehen, und die Ehemänner, 6-7 Tage jede Woche zu arbeiten, 10-12 Stunden am Tag, damit sie sich ihren leeren Lebensstil leisten können.

Haltet sie davon ab, Zeit mit ihren Kindern zu verbringen. Wenn dann ihre Familie sich bald in Bruchstücke aufteilt, wird ihr Zuhause keinen Schutz mehr vor dem Druck der Arbeit bieten. Putscht ihre Gedanken derart auf, dass sie die sanfte, leise Stimme des Heiligen Geistes nicht mehr hören können. Verlockt sie dazu, das Radio oder den CD-Player immer einzuschalten, wenn sie Auto fahren, dass sie die Fernseher, Videorecorder, CD-Player und PCs in ihren Häusern ständig in Betrieb haben; und seht auch zu, dass in jedem Geschäft und Restaurant auf der ganzen Welt rund um die Uhr nicht-biblische Musik läuft. Das wird ihre Gedanken durchdringen und die Einheit mit Christus zerstören!

Füllt die Kaffeetische mit Magazinen und Zeitungen. Hämmert ihnen 24 Stunden am Tag die neuesten Nachrichten ein. Überschwemmt die Straßen mit Werbeschildern. Überflutet ihre Briefkästen mit Junkmails, Katalogen, Werbefoldern und jeder Art von Newslettern und Angeboten von Gratis-Produkten, Diensten und falschen Hoffnungen. Füllt die Magazine und Titelseiten mit schönen, schlanken Models, dass Männer und Frauen immer mehr glauben, dass äußere Schönheit wichtig ist, und sie unzufrieden mit ihren Ehepartnern werden. Das wird die Familien sehr schnell spalten!

Sogar in ihrer Erholung sollen sie nicht zur Ruhe kommen. Lasst sie von ihrem Urlaub erschöpft, beunruhigt und unvorbereitet für die kommende Woche zurückkehren. Lasst nicht zu, dass sie in die Natur hinausgehen, um Gottes Schöpfung zu bewundern. Schickt sie stattdessen in Vergnügungsparks, zu Sportveranstaltungen, Konzerten und ins Kino.

Haltet sie beschäftigt, beschäftigt, beschäftigt! Und wenn sie mit anderen Christen Gemeinschaft haben, verwickelt ihre Gespräche in Klatsch und Small Talk, so dass sie mit schlechtem Gewissen und unbeständigen Gefühlen weggehen. Macht nur weiter, lasst sie ruhig Evangelisationen machen und Seelen gewinnen, aber verstopft ihr Leben mit so vielen guten Gründen, dass sie keine Zeit mehr haben, Kraft von Gott zu holen. Bald werden sie aus ihrer eigenen Stärke leben, ihre Gesundheit und Familie für die gute Sache opfern. Es wird funktionieren!«

Es war ein durchaus erfolgreiches Versammlungstreffen. Die Dämonen gingen eifrig an ihre Aufträge, Christen auf der ganzen Welt noch mehr zu beschäftigen und zu jagen, hier und dort hingehen zu müssen.

P.S.: Du kannst diese Information an jeden, den du kennst, weiterleiten – wenn du nicht zu beschäftigt bist …

Ein junger Mann eilt völlig entrüstet in einem großen Wallfahrtsort durch die Menge und schreit: »Jetzt kann ich laufen, jetzt kann ich laufen!« Nach einigen Versuchen gelingt es dem Pfarrer, ihn anzuhalten und zu fragen: »Ist denn ein Wunder an dir geschehen?« – »Neee, mein Fahrrad ist geklaut worden!«

Ich bin der Überzeugung, dass die größten Gefahren, die dem kommenden Jahrhundert bevorstehen, folgende sind:
- eine Religion ohne den Heiligen Geist
- eine Christenheit ohne Christus
- eine Vergebung ohne Buße
- eine Erlösung ohne Wiedergeburt
- eine Politik ohne Gott
- und ein Himmel ohne Hölle

(William Booth, Gründer der Heilsarmee)

47

Und das haben bewusste Christen, die diesem Jesus glaubten, bewirkt:

- Ende des Sklaventums
- Achtung der Menschenwürde
- Wahrung der Menschenrechte
- Freiheit der Persönlichkeit
- Schutz und Förderung der Ehe und Familie
- Ausbau von Rechts- und Gesundheitswesen
- Recht auf Bildung und Schutz der sozial Schwachen
- Belohnung von Fleiß
- Wertschätzung der Frau und Mutter
- usw.

Ein Pfarrer konsultiert einen Psychiater. Dieser fragt ihn unter anderem: »Reden Sie im Schlaf?« – »Nein«, antwortet der Pfarrer. »Ich rede nur, wenn andere schlafen.«

Schon als junger Mann entschloss sich Maier, ein gottgefälliges Leben zu führen. Das erzählte er auch überall; er erzählte es jedem, der es hören, und auch dem, der es nicht hören wollte. Zehn Jahre später geht er zum Arzt, weil er ständig Kopfschmerzen hat. »Sie dürfen nicht so viel essen«, klärt ihn der Arzt auf. »Ich kasteie meinen Leib und faste«, erwidert der fromme Maier. »Dann dürfen Sie nicht zu viel trinken. Der Alkohol steigt in den Kopf und verursacht Kopfschmerzen«, fährt der Arzt fort. »Ich habe noch nie in meinem Leben Alkohol zu mir genommen. Und so Gott will, werde ich auch nie einen Tropfen anrühren.« – »Dann müssen Sie mit dem Rauchen aufhören.« – »Ich rauche nicht.« – »Hm«, sagt der Arzt. »Dann gibt es nur eine Erklärung für Ihre Kopfschmerzen: Ihr Heiligenschein drückt Sie.«

Paradoxe eines Jüngers

Stark genug, schwach zu sein;
Erfolgreich genug, zu versagen;
Eifrig genug« sich Zeit zu nehmen;
Weise genug, zu sagen: »Ich weiß nicht«;
Ernsthaft genug, zu lachen;
Reich genug, arm zu sein;
Genug im Recht, zu sagen: »Ich irre mich«;
Mitleidig genug, zu disziplinieren;
Konservativ genug, freizügig zu sein;
Reif genug, kindlich zu sein;
Gerechtfertigt genug, ein Sünder zu sein;
Wichtig genug, der Letzte zu sein;
Mutig genug, Gott zu fürchten;
Genug zu planen, spontan zu sein;
Kontrolliert genug, flexibel zu sein;
Frei genug, Gefangenschaft zu erdulden;
Genug Kenntnisse zu haben, anonym zu bleiben;
Verantwortlich genug, um zu spielen;
Selbstsicher genug, zurückgewiesen zu werden;
Ausgeglichen genug, zu verlieren;
Fleißig genug, sich zu entspannen;
genug zu führen, um zu dienen

Am See Genezareth wollen Touristen mit dem Boot übergesetzt werden. Der Fährmann verlangt zehn Dollar. »Ziemlich teuer«, sagt der Tourist. – »Aber bedenken Sie, über diesen See ist der Herr zu Fuß gewandelt!« – »Kein Wunder, bei den Preisen!«

Der Leiter des Kölner Gesundheitsamtes hat allen geraten, die nicht von der Grippewelle erfasst werden wollen, drei Dinge zu beachten: »Vermeiden Sie, anderen Menschen die Hand zu schütteln. Keine Küsschen austeilen oder entgegennehmen. Meiden Sie Menschenansammlungen.« Reaktion eines Kirchenbesuchers: »Dann kann ich ja am Sonntag in die Kirche gehen. Dort begrüßt mich niemand. Keiner gibt mir ein Küsschen, und ich sitze in meiner Bank ganz alleine.«

Der berühmte Evangelist Billy Graham predigt im Rahmen einer Evangelisation in der New Yorker Bronx. Nach dem Abend möchte Billy Graham noch ein wenig Luft schnappen und spazieren gehen. Die Gemeindeglieder raten ihm davon ab. »Ich fürchte mich nicht«, sagt Graham. »Gott ist mit mir.« Als er so durch die dunklen Straßen schlendert, kommen ihm fünf Jugendliche entgegen. »Hey Alter, gib uns deine Brieftasche«, maulen sie ihn an. Billy Graham greift in seine Brusttasche und gibt ihnen sofort die Geldbörse. Einer der Jugendlichen entdeckt seinen Personalausweis und sagt. »Du bist Billy Graham? DER Billy Graham?« – »Ja«, erwidert er, »ich bin Billy Graham!« – »Also du bist der Evangelist Billy Graham?«, fragt der Junge noch mal. »Ja, ich bin's, der Evangelist Billy Graham.« Darauf sagt der Jugendliche: »Okay Jungs, gebt ihm die Brieftasche wieder, wir Baptisten müssen zusammenhalten.«

»Sag mal, warum küsst eigentlich der Papst immer den Boden, wenn er aus einem Flugzeug steigt?« – »Bist du noch nie mit der Alitalia geflogen?«

Junge	Dürfen im Chor alt werden
Alte	Werden durch Gesang wieder jung
Eitle	Können sich in die erste Reihe stellen
Bescheidene	Stehen in der letzten Reihe
Hervorragende	Erhalten Solopartien
Nörgler	Dürfen über Dissonanzen meckern
Egoisten	Erhalten eigene Noten
Geltungsbedürftige	Dürfen lauter singen
Ausdauernde	Singen in mehreren Chören
Fürsorgliche	Verteilen Hustenbonbons
Schreihälse	Werden behutsam gedämpft
Singles	Bleiben nicht lange alleine
Eheleute	Begegnen sich bei der Probe
Magere	Pumpen sich voll Luft
Dicke	Werden abnehmen können
Morgenmuffel	Proben abends
Große	Kommen leichter ans hohe C
Kleine	Kommen leichter ans tiefe A
Faule	Dürfen im Sitzen singen
Fleißige	Erscheinen zu jeder Probe
Eifrige	Können auch zu Hause üben
Reiselustige	Zeigen ihre Urlaubsfotos
Lehrer	Können Noten verteilen
Ängstliche	Können sich verstecken

Und warum singen Sie eigentlich noch nicht??!!

Sag mal, bist du Christ?

Natürlich

Warum?

Weil ich getauft bin.

Warum bist du getauft?

Weil meine Eltern das so wollten.

Warum wollten das deine Eltern so?

Weil sie Christen waren.

Warum waren deine Eltern Christen?

Weil sie getauft waren.

Warum waren sie getauft?

Weil es ihre Eltern so wollten.

Warum wollten es ihre Eltern so?

Weil sie ...

Sag mal, liest du eigentlich Bibel?

Nein.

Warum nicht?

Weil ich vieles einfach nicht verstehe.

Aber als du jetzt einen Computer angeschafft hast,
hast du auch vieles nicht verstanden.

Ja, deshalb habe ich ja auch einen Computer-Kurs besucht.

Sag mal, hast du Lust einen Bibel-Kurs zu besuchen?

Nein.

Warum nicht?

Weil ich – ach, lass mich in Ruhe!

Das verstehe ich nicht.

Das kann man nicht verstehen, das muss man einfach glauben.

»Sag mal, ist Gott süß?«

»Ach Gott, ist der süß!«

»Warum findest du denn Gott süß?«

»Das mein ich nicht ernst, das sagt man so.
Ich mein den Hund da drüben.«

»Ach, heißt der Gott?«

»Nein, sagte ich doch, ich meinte das nicht ernst.«

»Das du ihn nicht süß findest?«

»Wen?«

»Den Hund.«

»Doch.«

»Und Gott?«

»Weiß nicht?

»Warum sagst du es dann?«

»Weiß nicht?«

»Warum weißt du nicht?«

»Weiß ich nicht!«

Gott nicht gesehen

Der sowjetische Kosmonaut hatte nach seinem ersten Ausflug mit einem Raumschiff gesagt: »Ich bin einmal um die Erde geflogen. Gott habe ich nicht gesehen, also gibt es ihn nicht.« Ein sowjetischer Gehirnchirurg antwortete in einem Leserbrief, er habe schon viele kluge Gehirne operiert, aber nirgendwo auch nur einen einzigen Gedanken entdeckt …

Wussten Sie schon, dass der Pharao von Ägypten bei den zehn Plagen großes Glück hatte, dass Mose nicht kleinkariert war? Nun, wenn der aus jeder Mücke einen Elefanten gemacht hätte …

Fritzchen möchte beim Pfarrer beichten: »Ich habe begehrt meines Nächsten Weib, Herr Pfarrer.« Irritierte Rückfrage: »Was hast du? Du bist doch gerade acht Jahre alt!« – »Ja, aber unsere Nachbarin kocht einen viel besseren Pudding als meine Mutter. Wenn Sie den probieren würden, könnten Sie auch nicht widerstehen, Herr Pfarrer.«

Ein Bischof fährt freihändig Fahrrad. Die Polizei kommt und sagt: »Das macht 5,– Euro Verwarnung.« – »Mir kann nichts passieren, Gott ist doch bei mir!« – »Was? Zu zweit seid ihr auch noch, das macht gleich 10,– Euro.«

Es ist jetzt rausgekommen, dass es 95 Prozent schlechte Menschen gibt und 5 Prozent gute. Neulich hat Gott an die 5 Prozent eine E-Mail geschickt. Weißt du, was drinstand? – Nein? Ach, du gehörst auch zu den 95 Prozent …

»Mich stört es nicht, wenn jemand während meiner Predigt auf die Uhr schaut«, sagt der Pfarrer. »Schlimmer ist es nur, wenn jemand sie schüttelt, um zu sehen, ob sie stehen geblieben ist.«

In einer Buchhandlung: »Haben Sie eine Bibel?« – »Ja, wir haben eine Bibel, aber nur noch ein Altes Testament. Ich weiß nicht, ob das heute noch gültig ist.«

Aufgeregt kommt Schwester Bonofatia zur Oberin: »Ehrwürdige Mutter, in unser Kloster muss ein Mann eingedrungen sein.« – »Wie kommen Sie denn darauf?«, fragt diese ruhig. Errötend berichtet die Schwester: »Im WC ist die Brille hochgeklappt!«

Ein kleiner Methodistenjunge fragt seine Mutter: »Was bedeutet es, wenn der Prediger am Anfang der Predigt seine Uhr auf die Kanzel legt?« Die Mutter antwortet: »Leider hat das gar nichts zu bedeuten!«

Ein Prediger predigt lange, sehr lange. Plötzlich steht einer der Zuhörer auf und geht. Der Prediger fragt: »Wo gehen Sie hin?« – »Zum Frisör«, antwortet der Gefragte. Ruft ihm der Prediger hinterher: »Warum sind Sie denn nicht vorher gegangen?« Erwidert der Zuhörer: »Da war's noch nicht nötig.«

Der neue Kastellan ist ein Besserwisser und ein Moralist dazu. Während die anderen einem Schoppen Wein nicht abgeneigt sind, sitzt er dabei und trinkt pures Wasser oder Milch. Einmal kann er nicht mehr an sich halten. »Jesus Christus hat bestimmt nicht so viel getrunken wie ihr«, rügt er den Kirchenrat. »Und wie war das bei der Hochzeit zu Kana?«, fragt der Kirchenälteste schlagfertig. »Na ja«, lenkt der Herr Kastellan pikiert ein, »aber da wäre er besser auch nicht hingegangen.«

Zwei Missionare sitzen im Urwald am Lagerfeuer. Es ist ein wunderschöner Abend, die Vögel zwitschern, überall sind Urwaldgeräusche zu hören. Die beiden Missionare haben ihre Schuhe ausgezogen und wärmen ihre Füße am Feuer. Plötzlich erstarren sie: Am gegenüberliegenden Waldrand starrt sie ein hungriger afrikanischer Löwe an! Er hat ganz offensichtlich vor, die beiden Missionare zu verspeisen! Plötzlich fängt der eine Missionar an, in Windeseile wieder seine Schuhe anzuziehen. Da sagt der andere: »Das hat doch eh keinen Zweck, du wirst damit auch nicht schneller sein als der Löwe!« Entgegnet ihm der andere: »Ich muss auch nicht schneller sein als der Löwe, ich muss nur schneller sein als du!«

Sherlock Holmes und Dr. Watson fuhren zum Zelten. Nach einem guten Abendessen und einer guten Flasche Wein legten sie sich schlafen. Einige Stunden später wachte Holmes auf und rüttelte seinen treuen Freund. »Watson, schau mal zum Himmel und sag mir, was du siehst.« Watson antwortete: »Ich sehe Millionen und Abermillionen von Sternen.« – »Und was sagt dir das?« Watson überlegte eine Weile. »Astronomisch gesehen sagt es mir, dass es Millionen von Sternen und vielleicht Billionen von Planeten gibt. Astrologisch betrachtet sehe ich, dass der Saturn im Sternbild des Löwen steht. Horologisch gesehen kann ich erschließen, dass es jetzt ungefähr viertel nach drei Uhr sein muss. Theologisch betrachtet kann ich erkennen, dass Gott allmächtig ist und wir winzig sind und unbedeutend. Meteorologisch erkenne ich, dass wir morgen einen wunderschönen Tag haben werden. Und was sagt es dir?« Holmes war eine Minute still und sagte dann: »Watson, du Idiot, irgendein Gauner hat uns das Zelt gestohlen!«

Gott erscheint Boris Jelzin, George Bush und Bill Gates im Traum und verkündet ihnen, dass in zwei Tagen die Welt untergeht. Am nächsten Tag halten alle eine Ansprache. Bush: »Liebe Amerikaner! Ich habe eine gute und eine schlechte Nachricht für euch. Die gute ist, wir hatten Recht, es gibt Gott. Die schlechte ist, er will morgen die Welt untergehen lassen.« Jelzin: »Genossen, ich habe eine schlechte und eine schlechtere Nachricht für euch. Die schlechte ist, die Kapitalisten hatten Recht, es gibt Gott. Die schlechtere ist, er will morgen die Welt untergehen lassen.« Bill Gates: »Liebe Microsoft-Mitarbeiter. Ich habe eine gute und eine noch bessere Nachricht für euch: Die gute ist, wir hatten Recht, es gibt Gott. Die bessere ist: Wir müssen Windows nicht mehr updaten.«

Paar für Paar laufen die Tiere zur Arche Noah. Plötzlich geht es nicht mehr weiter. Da sagt die Maus zur Giraffe: »Schau doch mal nach, was da vorne los ist!« Die Giraffe reckt den Hals vor und meint mit einem Seufzer: »Das kann noch lange dauern. Die Tausendfüßler ziehen sich ihre Hauspantoffeln an!«

Der Papst geht mit einem Bischof in die Sauna. Es ist toll. In der nächsten Woche will er wieder hin. Da sagt der Bischof: »Nächste Woche ist aber nur gemischte Sauna.« Da sagt der Papst: »Och, die paar Protestanten werden wir doch aushalten ...«

BIG NEWS

Selig sind,

▷ die das Interesse des anderen lieben wie ihr eigenes, denn sie werden Frieden stiften.

▷ Selig, die immer bereit sind, den ersten Schritt zu tun, denn sie werden entdecken, dass der andere viel offener ist, als er es zunächst zeigen konnte.

▷ Selig, die erst hören und dann reden, denn man wird ihnen gerne zuhören, wenn sie etwas zu sagen haben.

▷ Selig, die das Körnchen Wahrheit in jedem Redebeitrag heraushören, denn sie helfen einander im Christsein weiter.

▷ Selig, die verlieren können, denn sie lassen Christus Raum, für alle zu gewinnen.

»Gott hat seinen eigenen Sohn nicht verschont, sondern ihn für uns alle hingegeben – wie sollte er uns mit ihm nicht alles schenken?« (Römer 8, 32)

Wir predigen mit systematischer Klarheit:

1. Es ist schlimm.
2. Es ist noch schlimmer.
3. So schlimm ist es nun auch wieder nicht.

Man glaubt an die Börsennachrichten der Zeitung.
Man glaubt an sein Horoskop.
Man glaubt an den Wetterbericht.
Man glaubt an das, was m a n so glaubt.
Warum glauben Sie eigentlich nicht an Gott? Sie glauben doch sonst alles?
Auf der Suche nach einer stabilen Beziehung schauen Sie doch einmal in eine ganz andere Richtung!

Ein Mann geht ins Kloster und wird Mönch. Der Orden, dem er beitritt, ist sehr streng: Alle zehn Jahre darf man zwei Wörter sagen. Nach den ersten zehn Jahren geht er zum Abt und sagt: »Bett hart!« Zehn Jahre später geht er wieder zum Abt und sagt: »Essen schlecht!« Nach dreißig Jahren geht er zum Abt und sagt: »Ich gehe!« Da sagt der Abt: »Das wundert mich nicht! Seit Sie hier sind, habe ich Sie nur rummeckern gehört!«

Ein Atheist geht ins Museum. Er sieht sich die Bilder an und bleibt schließlich vor einem Gemälde von Rubens stehen »Die Heilige Familie auf der Flucht«. Er betrachtet lange das Bild. Endlich wendet er sich zu seinem Begleiter. »So sind die Christen! Seit Jahrhunderten erzählen sie den Leuten, Maria und Josef seien so arm gewesen, dass Maria ihr Kind in einem Stall hat zur Welt bringen müssen. Aber um sich von Rubens malen zu lassen – dafür hatten sie Geld genug!«

Das Bibelwerk will wieder kundenfreundlich werden, also stellt es Leute ein, die – ähnlich wie Staubsaugervertreter – die verschiedenen Bibelausgaben in einer »Von-Tür-zu-Tür-Aktion« an den Mann bringen sollen. Politisch korrekt, wie der Christ nun einmal ist, stellt der Personalchef auch einen Stotterer ein. An einem Montagmorgen beginnen die Aktionen, die Vertreter schwärmen mit prall gefüllten Koffern aus. Mittags kehrt der Stotterer in die Geschäftsstelle zurück. »Gab's Schwierigkeiten?«, fragt der Bereichsleiter halb sorgenvoll, halb amüsiert. »Im Gggg-eegenteil«, antwortet der Stotterer, »aaa-aalles vvvverkauft!« – »Wie haben Sie denn das geschafft, und auch noch in so kurzer Zeit?«, wundert sich der andere. »Nnnna ja, iiiich hab halt g-e-klingelt, und dann hab ich die Biiibbbeln angeboten, Lllllluuuuuther, Zzzzzüricher, Gggggguuuute Nachricht und so und Grooooooßdruck, Nnnnnnn-ormal und S-s-s-s-senfkorn …« – »Wie, und dann haben die Leute einfach so gekauft?« – »Nnna, am Ende hab ich immmmmmmer gefragt: Wollen ssss-s-s-sie eine kaufen o-oder soll ich ihnen vvvvv-vvvvorlesen?«

Ein Amerikaner, ein Engländer und ein deutscher Beamter: Der Amerikaner ist blind, der Engländer sitzt im Rollstuhl und der deutsche Beamte hat einen gebrochenen Arm. Plötzlich steht Jesus vor ihnen und fragt, was er für sie tun kann. Der Amerikaner sagt, dass er wieder sehen möchte. Jesus streicht ihm über die Augen und der Amerikaner kann wieder sehen. Dann streicht Jesus dem Engländer über die Beine und der Engländer kann wieder gehen. Sagt der deutsche Beamte: »Lass mich bloß in Ruhe! Ich bin noch vier Wochen krankgeschrieben.«

Nicht schlecht!

▷ Der Teddy, den ich als Kind neben mir in meinem Bett hatte, war nicht schlecht.
Aber als er (und ich) ins Alter kam, verlor er immer mehr an Sägespänen.

▷ Die Frau, die ich heiratete, und die ich neben mir im Bett hatte, war nicht schlecht.
Aber als ich feststellte, sie ist auch nur ein Mensch und kann meine Sehnsucht nach Liebe und Sinn nicht stillen, verlor sie immer mehr an Attraktivität.

▷ Die Aktien und Brillanten aus Südafrika und der Revolver, den ich neben mir im Bett hatte, aus Angst vor Überfällen, waren nicht schlecht.
Aber durch Kriege und Korruption verloren sie immer mehr an Wert und Kurs.

▷ Die Bibel, die ich im Hotel neben mir am Bett hatte, war nicht schlecht.
Aber durch die alte Übersetzung verstand ich kaum etwas und verlor immer mehr das Interesse.

▷ Als ich nach einer Massenkarambolage in der Intensivstation aufwachte, ging's mir wirklich schlecht.

 Mein Nachbar kniete neben mir am Bett und betete, ich hatte das Bewusstsein verloren, er aber nicht das Interesse an mir.

Er hat niemals ein Buch geschrieben.

Nie hat er ein Büro gehabt.

Nie eine Familie oder ein eigenes Haus.

Er ging nicht zur Uni.

Niemals besuchte er eine große Stadt.

Niemals ging er weiter als 250 km von dort, wo er geboren wurde.

Er hatte nie Beglaubigungsschreiben, nur sich selbst.

Er war erst 33, als die Flut der öffentlichen Meinung sich gegen ihn kehrte.

Seine Freunde rannten weg.

Er wurde von seinen Feinden überwältigt und ging durch den Spott der Verhandlung.

Er wurde ans Kreuz genagelt zwischen zwei Verbrechern.

Während er starb, spielten die Soldaten um seine Kleider, dem einzigen Eigentum, das er auf der Erde hatte.

Als er tot war, wurde er in ein geliehenes Grab gelegt, das ein mitleidender Freund zur Verfügung stellte.

20 Jahrhunderte sind gekommen und gegangen.

Alle Armeen, die jemals marschierten,

alle Schiffe, die jemals segelten,

alle Parlamente, die jemals tagten,

alle Könige, die jemals regierten – alles das zusammengenommen, haben nie das Leben des Menschen auf Erden so bewegt wie Jesus.

Heute, zweitausend Jahre nach seinem Tod, lebt er noch immer, verändert Leben und bringt neue Hoffnung.

Kapitel 7

Über Beamte, Politiker und ähnliche Menschen
Beamtendreikampf: Knicken, Lochen, Abheften

Zwei Beamte sitzen zusammen im Zimmer. Fragt der eine: »Was hältst du davon, wenn wir uns ein Aquarium kaufen?« – »Meinst du nicht, das bringt zu viel Hektik ins Büro?«

Auf dem Arbeitsamt: »Ich hätte gerne eine Stelle.« Der Berater sprudelt drauflos: »Vielleicht wäre das etwas! 4.000 Euro netto, drei Monate Urlaub, Dienstwagen mit Chauffeur, übrigens von 10 bis 15 Uhr, alle 14 Tage ist außerdem der Freitag frei.« – »Wollen Sie mich veräppeln?«, unterbricht ihn der Arbeitsuchende. Der Sachbearbeiter zuckt die Achseln: »Und wer hat damit angefangen?«

»Weißt du, wo mein Bleistift steckt?«, fragt ein Beamter seinen Kollegen. »Ja, hinter deinem Ohr!« – »Mann, nun mach die Suche nicht so kompliziert – hinter welchem?«

Manfred kommt zum Finanzamt und stürmt in ein Zimmer. »Ich habe ein Geschäft eröffnet«, sagt er, »und möchte wissen, was ich alles absetzen kann.« – »Erst einmal Ihren Hut«, meint der Beamte lächelnd.

Auf dem Finanzamt: »Wann kann ich Urlaub nehmen?« – »Sie sind hier doch gar nicht beschäftigt.« – »Aber ich arbeite fast nur für Sie!«

Beamter zu seinem Vorgesetzten: »Ich glaube, der Kollege ist urlaubsreif.« – »Wie kommen Sie denn darauf?« – »Er schläft in letzter Zeit so unruhig.«

Fragt Klein Fritzchen seinen Vater: »Du, Papi, wie kommt es eigentlich, dass der liebe Gott die Welt in sieben Tagen erschaffen hat?« – »Tja, mein Sohn, er war eben nicht auf Handwerker und Beamte angewiesen!«

Zwei Grüne gehen zu C & A und kaufen sich einen Pullover. Auf dem Produktschild steht 100 Prozent Polyester. Daraufhin der eine zum anderen: »Ich möchte nicht wissen, wie viele Polyester dafür wieder sterben mussten!«

Was Politiker und andere Menschen aus dem Wort »Lüge« und »Unwahrheit« machen und gemacht haben:

- Fehler
- Fortsetzung eines Fehlers
- Kleinerer Fehltritt
- Unterschiedliche Auffassungen
- Eine falsche Spur gelegt
- Nicht korrekt informiert
- Eine Dummheit begangen

Und sowieso: Sind wir nicht alle bedingt schuldunfähig? Irgendwie sind wir doch alle irgendwie behindert, und wenn es in unserer Wahr-Nehmung ist!

65

Frau Meier zu ihrer Nachbarin Frau Schulze: »Mein Sohn wird bestimmt mal Kellner. Den kann man rufen und rufen – er kommt nie!« – »Und meiner wird Politiker. Immer wenn er etwas verkehrt macht, schiebt er die Schuld auf einen anderen!«

Was passiert, wenn die Sahara sozialistisch wird? Die ersten zehn Jahre passiert gar nichts, aber dann wird der Sand allmählich knapp.

»Können Sie mir den Kapitalismus erklären?« – »Kapitalismus ist die Ausbeutung des Menschen durch den Menschen.« – »Und wie ist es mit dem Sozialismus?« – »Da ist es genau umgekehrt.«

Ein Architekt, ein Arzt und ein Politiker unterhalten sich darüber, wer den ältesten Beruf hat. Beginnt der Arzt: »Gott hat Adam eine Rippe entnommen und daraus die Eva gemacht. Also ist mein Beruf der älteste.« Sagt der Architekt: »Irrtum, mein Lieber. Zuvor hat Gott die Welt aus dem Chaos geschaffen. Wir Architekten tun nichts anderes. Also ist ja wohl mein Beruf der älteste.« Da trumpft der Politiker auf: »Und wer hat das Chaos geschaffen???«

Der Sekretär unterbricht die Rede seines Chefs und reicht ihm ein Blatt: »Entschuldigen Sie, Herr Minister, hier ist Ihre Rede. Was Sie da vorlesen, ist die Menükarte!«

Ein Linker schreibt in einem Studentenblatt: »50 Prozent aller Politiker in Berlin sind Verbrecher«. Das muss er zurücknehmen. Er schreibt im nächsten Heft »50% aller Politiker in Berlin sind keine Verbrecher«

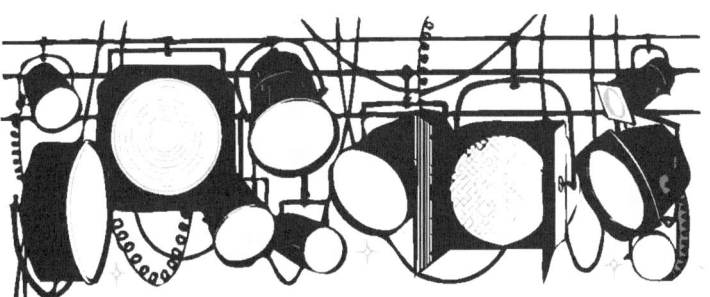

Das Gebet des Senators

Als Senator Joe Wright gebeten wurde, am 23. Januar 1996 in Topeka, der Hauptstadt des US-Bundesstaates Kansas, die neue Wahlperiode des Senats zu eröffnen, erwarteten alle Teilnehmer die üblichen Allgemeinsätze, hörten jedoch folgendes Gebet:

»Himmlischer Vater, wir treten heute vor dich und bitten um Vergebung und suchen deine Weisung und Führung. Wir wissen, dass dein Wort sagt: ›Wehe denen, die Böses gut nennen‹, aber genau das haben wir getan. Wir haben unser geistliches Gleichgewicht verloren und unsere Werte verdreht.
Wir bekennen das:
Wir haben die absolute Wahrheit deines Wortes lächerlich gemacht und das Pluralismus genannt.
Wir haben andere Götter angebetet und das Multikultur genannt.
Wir haben Perversion gutgeheißen und das alternativen Lebensstil genannt.
Wir haben die Armen ausgebeutet und das ihr Los genannt.
Wir haben unsere Ungeborenen getötet und das Selbstbestimmung genannt.
Wir haben Menschen, die Abtreibung vornahmen, entschuldigt und das Recht genannt.
Wir haben es vernachlässigt, unseren Kindern Disziplin beizubringen, und das Selbstachtung genannt.
Wir haben Macht missbraucht und das Politik genannt.
Wir haben den Besitz unseres Nachbarn beneidet und das Strebsamkeit genannt.
Wir haben den Äther mit Pornografie und weltlichen Dingen verschmutzt und das Pressefreiheit genannt.
Wir haben die Werte unserer Vorväter belächelt und das Aufklärung genannt.

Erforsche uns, oh Herr, und erkenne heute unser Herz, reinige uns von allen Sünden und mach uns frei davon. Führe und segne Männer und Frauen, die gesandt sind, um uns in das Zentrum deines Willens zu führen, dass wir offen danach fragen im Namen deines Sohnes, des lebendigen Erlösers, Jesus Christus.«

Unterhalten sich zwei Gewerkschaftler über die Zukunft. Sagt der eine: »Im Jahr 2050 soll nur noch mittwochs gearbeitet werden!« Wundert sich der andere: »Was, den ganzen Tag?«

Kulturabkommen werden geschlossen, damit die anderen leichter von ihrer Kultur abkommen.

Herr,
setze dem Überfluss Grenzen
     und lass die Grenzen überflüssig werden.

Nimm den Ehefrauen das letzte Wort
     und erinnere die Ehemänner an ihr erstes.

Gib den Regierenden ein besseres Deutsch
     und den Deutschen eine bessere Regierung.

Schenke uns und unseren Freunden mehr Wahrheit
     und der Wahrheit mehr Freunde.

Bessere solche Beamte, die wohl tätig,
     aber nicht wohltätig sind.

Lass, die rechtschaffen sind,
     auch Recht schaffen.

Sorge dafür, dass alle in den Himmel kommen,
     aber wenn du willst, noch nicht gleich.

(Gebet eines Pfarrers anno 1864)

Kapitel 8

Eins, zwei, Polizei ...
»Ich möchte nur Ihren Führerschein!«

In München fragt ein Polizist bei einer Verkehrskontrolle einen Studenten, der ihm verdächtig vorkommt: »Wie ist Ihr Name?« – »Hans Schmitz.« – »Glauben Sie, ich durchschaue das nicht? Wie heißen Sie wirklich?« – »Na gut, dann schreiben Sie meinetwegen Michael Jackson.« – Na, sehen Sie, warum nicht gleich so?«

Ein Polizist klingelt an der Haustür. »Ist Ihr Mann Funker?« – »Ja, ein harmloser Amateurfunker.« – »Was heißt hier harmlos? Die gesamte Nato-Flotte läuft gerade aus.«

»Ihre Scheinwerfer brennen nicht!«, sagt der Polizist zur Autofahrerin. »Das ist doch eine Frechheit! Dabei war der Wagen gestern in der Werkstatt, um die Kerzen auszuwechseln.«

Der Polizist stoppt einen jungen Autofahrer. »Was fällt Ihnen denn ein, mit 80 durch den Ort zu rasen?« – »Herr Polizist, glauben Sie mir, es ist nur der Hut, der mich so alt macht.«

Ein betrunkener Penner wankt durch die Stadt und durchsucht die Mülltonnen nach etwas Essbarem. In einem Container liegt ein Spiegel. Als er dort hineinsieht, erschrickt er sich zu Tode und ruft sofort die Polizei. Den ankommenden Beamten teilt er mit: »Im Container liegt eine Leiche!« Der Polizist beugt sich in den Container und sagt zu seinem Kollegen: »Mensch Otto, ich werde verrückt, es ist einer von uns …«

»Pusten Sie mal ins Röhrchen«, sagt der Polizist. »Nee«, sagt der Autofahrer. »Sie, Sie pusten jetzt!« – »Nee!« – »Sie, wenn Sie jetzt nicht pusten, dann puste ich für Sie! Aber dann haben Sie 1,5 Promille!«

Der Polizist nimmt die Personalien eines Rasers auf: »So, und Ihr Name?« Der Fahrer: »Prhyznetzschzstkoretzki!« – »Wie bitte?« – »Prhyznetzschzstkoretzki!« Daraufhin klappt der Polizist seinen Schreibblock zusammen: »Also gut, diesmal kommen Sie noch mit einer mündlichen Verwarnung davon …«

Anrufer: »Ist da die Polizei? Kommen Sie schnell, in meinem Zimmer tickt eine Bombe!« Polizist: »Nur die Ruhe! Solange sie tickt, haben Sie nichts zu befürchten.«

Ein Autofahrer fährt auf der Straße. Plötzlich steht ein kleines Männchen da und sagt: »Ich bin das kleine, gelbe, bescheuerte, dumme, nervende Männchen. Ich möchte gerne was zu trinken.« Der Fahrer gibt ihm zu trinken. Nach einer Weile steht ein blaues Männchen auf der Straße und sagt: »Ich bin das kleine, blaue, bescheuerte, dumme, nervende Männchen. Ich möchte gerne was zu essen.« Der Fahrer gibt ihm zu essen. Nach einer Weile steht ein grünes Männchen auf der Straße. Der Autofahrer sagt: »Ich weiß, ich weiß, du bist das kleine, grüne, bescheuerte, dumme, nervende Männchen. Was willst du denn?« – »Ich möchte nur Ihren Führerschein …«

Der Pfarrer hat im Ausland billig Kaffee gekauft. Bevor er zur Grenze kommt, klebt er sich je ein Pfund unter jede Achsel. An der Grenze: »Haben Sie etwas zu verzollen? Alkohol, Zigaretten, Kaffee?« – »Nein, mein Sohn, ich habe zwar zwei Pfund Kaffee gekauft, aber ich habe sie schon unter den Armen verteilt.«

Kapitel 9

»Was hat Sie denn hierher geführt?«
Bekenntnisse vor dem Richter

Frage an den Gefängnisaufseher: »Glauben Sie, dass Sie auch mit den schwierigen Häftlingen zurechtkommen werden?« – »Ganz bestimmt«, meint der Neue, »wer Ärger macht, fliegt raus!«

Unterhalten sich zwei im Gefängnis. Sagt der eine: »Sag mal, bist du eigentlich verheiratet?« Darauf der andere: »Meinst du, ich gebe meine Freiheit auf?!«

»Was hat Sie denn hierher geführt?«, will der Gefängnisseelsorger vom »Neuzugang« wissen. »Mein Glaube.« – »Ihr Glaube?« – »Ja, ich habe felsenfest geglaubt, die Bank hätte keine Alarmanlage!«

Der Gefangene Nr. 3867 unterhält sich mit dem Zellennachbarn Nr. 4711: »Mann, wenn ich so eine Nummer hätte wie du, wäre ich schon längst verduftet!«

»Was für Sünden soll ich Ihnen eigentlich bekennen, Herr Pfarrer?«, fragt ein Mann im Beichtstuhl. »Jeden Abend gehe ich pünktlich um neun Uhr ins Bett, ich treibe keine Unkeuschheit mit Frauen, ich trinke nicht, ich stehle nicht, ich tue keiner Fliege etwas zu Leide und ich gehe jeden Sonntag in den Gottesdienst!« – »Gut, mein Sohn, aber das wird sich wohl leider alles ändern, wenn du hier rauskommst!«, unterbricht ihn der Gefängnispfarrer.

Wachbeamter: »Warum wollen Sie mit dieser Keule ins Gericht?« Angeklagter: »Weil es hieß, dass ich für meine Verteidigung selbst zu sorgen hätte.«

»Warum sind Sie denn dreimal hintereinander ins selbe Geschäft eingebrochen?« – »Das war so, Herr Richter: Das erste Mal habe ich ein Kleid für meine Frau mitgenommen, die beiden anderen Male musste ich es umtauschen!«

Richter: »Angeklagter, wann arbeiten Sie eigentlich?« – »Dann und wann.« – »Und was?« – »Dies und das.« – »Und wo?« – »Hier und dort.« – »Gut, Sie kommen ins Gefängnis.« – »Und wann werde ich wieder entlassen?« – »Früher oder später.«

Richter: »Wann haben Sie denn gemerkt, dass das Grundstück bewacht war?« Angeklagter: »Als ich die Zähne von dem Dobermann in meinem Hintern spürte!« Darauf wendet sich der Richter an den Zeugen und fragt: »Stimmt das, Herr Dobermann?«

Angeklagter: »… also, Herr Richter, Ihnen kann man es aber auch nie recht machen! Breche ich ein, werde ich verurteilt, breche ich aus, werde ich auch verurteilt.«

Richter zum Zeugen: »Wie weit waren Sie von der Unfallstelle entfernt?« – »18,72 Meter.« – »Wieso können Sie das so exakt angeben?« – »Ich habe sofort nachgemessen, weil ich dachte, irgend so ein Idiot wird mich sicher danach fragen!«

»Angeklagter, Sie stehen hier vor Gericht, weil Sie eine undefinierbare Flüssigkeit als Lebenselixier verkauft haben. Sind sie eigentlich in dieser Hinsicht schon vorbestraft?« – »Ja, einmal 1754 und zum zweiten Mal 1899!«

Fragt der junge Richter seinen ergrauten Kollegen: »Ich habe da einen Schwarzbrenner, der Zwetschgengeist gemacht hat. Wie viel soll ich ihm wohl geben?« – »Auf keinen Fall mehr als fünf Euro pro Liter!«

Bei Gericht in Grönland fragt der Staatsanwalt den Angeklagten: »Wo waren Sie in der Nacht vom 18. November zum 16. März?«

Kapitel 10

Kur in Bad Homburg – Ansichtskarte aus Paris
Was Briefe so alles verraten können

Eine lange Schlange vor dem Postschalter. Eine ältere Dame schiebt sich vor: »Ich möchte nur ein paar Briefmarken kaufen.« Stimme aus der Menge: »Glauben Sie, wir hätten uns hier zur Polonaise aufgestellt?«

»Kein Verlass mehr auf die Bundespost«, schimpft Frau Krause. »Wieso?« – »Mein Mann ist zur Kur in Bad Homburg und die Post benutzt die Stempel von Paris.«

Ein sowjetischer Jude besucht seine Verwandten in Israel. Vor der Rückreise verabreden sie: Wenn er wieder in der Sowjetunion ist, wird er – da die Korrespondenz genauestens untersucht wird – die Briefe mit blauer Tinte schreiben, falls es ihm gut geht, und mit grüner Tinte, falls das Leben unerträglich wird. Der erste Brief kommt mit blauer Tinte geschrieben: »Das Leben bei uns ist wunderschön, man kann alles kaufen, was man will, außer vielleicht grüner Tinte …«

Ein junges Paar – die beiden lieben sich sehr. Eines Tages muss er beruflich für ein ganzes Jahr ins Ausland. Sie ist völlig aufgelöst. »Was soll ich nur ohne dich machen?« Er verspricht ihr, jeden Tag zu schreiben. Das tröstet sie, und sie willigt ein. Als er seine Koffer packt, nimmt er Postkarten mit. 365 Stück. Für jeden Tag eine.

Und am Tag seiner Ankunft in seinem Zielland schreibt er gleich die erste Postkarte. »Lieber Schatz, ich liebe dich. Und ich vermisse dich jetzt schon ganz furchtbar …«

Am nächsten Tag wieder und so geht es weiter. Ein ganzes Jahr. Er hat es tatsächlich geschafft, seiner Freundin an jedem einzelnen Tag eine Postkarte zu schreiben!

Unglaublich! Als der letzte Tag gekommen ist, nimmt er die letzte Postkarte aus seinem Koffer und schreibt seiner Freundin. Voller Freude macht er sich auf die Heimreise.

Zu Hause angekommen fährt er gleich zum Haus seiner Liebsten. Mit einer roten Rose steht er vor der Tür. Die Mutter seiner Freundin macht die Tür auf. Als sie den jungen Mann sieht, zuckt sie vor Schreck zusammen. »Hallo, ich würde gerne meine Freundin besuchen. Ist sie zu Hause?« –

Die Mutter schluckt und sagt: »Weißt du das denn nicht? – ähm … meine Tochter hat vor vier Wochen geheiratet!«

Er ist völlig geschockt und muss erst seine Sprache wiederfinden. »Aber – aber ich hab ihr doch jeden Tag geschrieben … Wen – wen hat sie denn geheiratet?«

Die Mutter antwortet: »Unseren Briefträger!«

Von Bill Gates ist jetzt eine Briefmarke herausgekommen. Sie klebt aber nicht richtig und ein Kunde beschwert sich bei der Post. Ein Postbeamter prüft die Angelegenheit und sagt: »Ist ja auch logisch, Sie spucken immer auf die falsche Seite!«

Ein Briefträger rudert zu dem weit vom Land entfernten Leuchtturm hinaus. Völlig erschöpft und mit säuerlicher Miene überreicht er dem Wärter einen Brief. »Kalle«, sagt der, »wenn du maulst, abonniere ich eine Tageszeitung.«

»Aber Junge, wo warst du denn die ganze Zeit?« – »Ich habe Briefträger gespielt und den ganzen Häuserblock mit Post versorgt.« – »Ach so ... ja, aber woher hattest du denn die vielen Briefe?« – »Aus deinem Nachttisch – die mit den rosa Schleifchen.«

Jemand steht in der Telefonzelle und hat sich verwählt. Vor der Zelle stehen weitere drei Leute, die darauf warten, auch anrufen zu können. Plötzlich hält der Mann in der Telefonzelle den Hörer heraus und fragt: »Ich habe mich verwählt, braucht zufällig jemand die Nr. 478223?«

Kapitel 11
Man(n) hat's nicht nur schwer, sondern auch Frau ...
Die Wahrheiten übers andere Geschlecht

Was haben Männer und Kartoffeln gemeinsam? Wenn sie im Dreck stecken, gehen ihnen die Augen auf.

Ein junger, begabter Bauchredner tritt im Gasthaussaal eines kleinen Ortes auf. Mit seiner Rednerpuppe am Knie bringt er sein gewohntes Repertoire an Blondinenwitzen. Einer jungen Blondine in der vierten Reihe wird das nach einer kurzen Weile zu bunt. Sie steht auf und protestiert lautstark: »Ich habe nun genug gehört von Ihren blödsinnigen Blondinenwitzen. Wie können Sie es wagen, alle Blondinen in diese stereotype Dümmlichkeitsmaske hineinzwängen zu wollen?! Was hat die Farbe des Haares mit dem Wert einer Person als menschliches Wesen zu tun? Es sind Kerle wie Sie, die es verhindern, dass Frauen wie ich im Arbeitsumfeld und Gemeinwesen respektiert werden und somit nicht das volle Potenzial der möglichen persönlichen Entwicklung erlangen. Sie und Ihresgleichen verewigen die Diskriminierung nicht nur der Blondinen, sondern aller Frauen generell – und das noch dazu im Namen des Humors!« Dem Bauchredner ist die Szene ungemein peinlich; er beginnt sich zu entschuldigen, aber die Blonde schreit zurück: »Sie halten sich da raus, mein Herr! Ich spreche zu dem Blödmann, der auf Ihrem Knie sitzt!«

Warum müssen Frauen eher schön sein als klug? Weil Männer besser sehen als denken können.

Was war der erste Mann auf dem Mond? Ein guter Anfang!

Zwei Männer kommen aus der Spielbank; der eine ganz nackt, der andere hat noch seine Unterhose an. Sagt der ganz Nackte zum anderen: »Hans, das bewundere ich an dir: Du weißt immer genau, wann du aufhören musst.«

Eine Frau zu einer anderen: »Alle Männer sind verschieden« Die andere daraufhin: »Meiner leider noch nicht!«

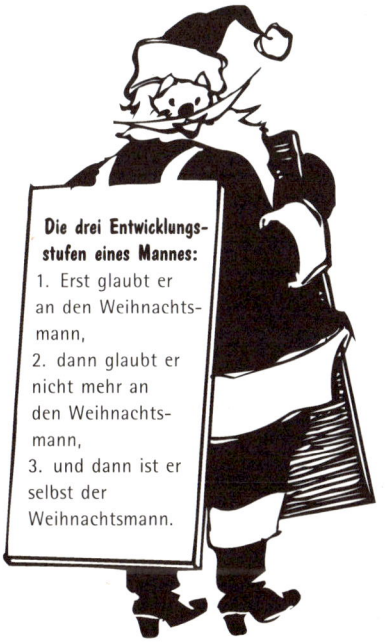

Die drei Entwicklungsstufen eines Mannes:

1. Erst glaubt er an den Weihnachtsmann,
2. dann glaubt er nicht mehr an den Weihnachtsmann,
3. und dann ist er selbst der Weihnachtsmann.

Ein Mann geht an einem Strand spazieren und stolpert über eine alte Lampe. Er hebt sie auf und reibt an ihr – und schon kommt das kleine grüne Männchen heraus und sagt: »OK, OK, OK. Du hast mich aus der Lampe befreit … Das ist jetzt schon das vierte Mal in diesem Monat, dass mich einer befreit! Das wird mir langsam zu viel mit der ewigen Wünscherei! Also vergiss die Sache mit den drei Wünschen … Du hast nur einen einzigen Wunsch frei!« Der Mann setzt sich und denkt eine Weile nach. Dann sagt er: »Ich wollte schon immer einmal nach Hawaii, aber ich habe Flugangst und werde schnell seekrank. Könntest du nicht eine Brücke nach Hawaii bauen, damit ich dort hinfahren kann?« Das kleine grüne Männchen lacht und antwortet: »Das ist doch unmöglich. Denk doch einmal nur an den Aufwand! Wie könnten die Säulen bis auf den Boden des Pazifiks gebaut werden? Denk an die Mengen von Stahl und Beton! – Nein, da musst du dir etwas Einfacheres ausdenken.« Der Mann sieht das ein und versucht sich einen wirklich guten Wunsch auszudenken. Schließlich sagt er: »Ich habe die Frauen nie verstanden – nie gewusst, wie sie in ihrem Inneren fühlen – was sie denken, wenn sie schweigen – nie gewusst, warum sie weinen – nie gewusst, was sie wollen, wenn sie ›ach nichts!‹ sagen – nie gewusst, wie man sie wirklich glücklich machen kann. Mein Wunsch ist also, die Frauen verstehen zu können!« Das kleine grüne Männchen schaut den Mann etwa eine Minute lang ruhig an. Dann erwidert es mit gelassener Stimme: »Willst du die Brücke zwei- oder vierspurig?«

»Was hast du deiner Frau zur Silbernen Hochzeit geschenkt?« – »Eine Reise nach Australien.« – »Bist du verrückt, da gibt es doch gar keine Steigerung mehr! Was willst du ihr denn dann zur Goldenen Hochzeit schenken?« – »Die Rückreise!«

Leute, Leute!!!!!

Liebe Zeitungsleser, liebe Zeitungsleserinnen!

Liebe Mitarbeiter, liebe Mitarbeiterinnen!

Liebe Anwesende, liebe Anwesendinnen!

Liebe Menschen, liebe Menschinnen!

Liebe Christen, liebe Christinnen!

Liebe Leute, liebe Leutinnen!

Wenn jeder/jedsie alle Begriffe auf männlich und weiblich abändert/abändsiet, käme eine komische Rechtschreibung dabei herraus/frauaus. Sieht/Erht man/frau einmal davon ab, dass es sehr schwer/schwsie zu lesen wäre, so müsste man/frau auch wesentlich mehr Text schreiben. Woran liegt es? Am Erfolg/Siefolg der/die Emanzipation/Frauzipation?

Adam fragt Gott: »Warum ist Eva so schön?« – »Damit du sie magst.« – »Und warum ist sie so dumm?« – »Damit sie dich mag.«

Klagt der Ehemann: »Seit drei Jahren rede ich nicht mehr mit meiner Frau.« – »Aber warum denn nicht?« – »Weil ich sie nicht unterbrechen will!«

Unterhalten sich zwei im Gefängnis. Sagt der eine: »Sag mal, bist du eigentlich verheiratet?« Darauf der andere: »Meinst du, ich gebe meine Freiheit auf?!«

Deine Ehe ist in Ordnung, wenn ihr euren Papagei unbedenklich verkaufen könnt.

Eines Abends erklärte mir mein neunjähriger Sohn voller Ernst, er gehe mit einem Mädchen. »Wie schön!«, sagte ich. »Wie heißt sie denn?« – »Claudia.« Und dann fragte mich mein Sohn: »Mama, wenn man mit einem Mädchen geht, wohin geht man dann eigentlich?«

Was spricht dafür, dass Computer eher männlich sind? Sie sollten eigentlich dabei helfen, Probleme zu lösen, aber in der Hälfte aller Fälle sind sie selbst das Problem.
Und was spricht dafür, dass Computer eher weiblich sind? Sobald man sich zu einem entschlossen hat, gibt man seinen halben Lohn für Zusatzkomponenten aus.

Wenn bei Männern ja die Kommunikation in der Ehe genauso intensiv stattfinden würde wie die Telekommunikation, dann wäre schon viel geholfen.

»Meiner Frau wurde vor drei Wochen die Kreditkarte gestohlen!« – »Wie unangenehm.« – »Im Gegenteil. Der Dieb gibt weniger aus als meine Frau.«

Widersprich nie einem Mann. Warte 30 Minuten, dann macht er es selber.

»Na, was hat deine Frau gesagt, als du neulich so spät und total betrunken nach Hause gekommen bist?« – »Ach eigentlich gar nichts, und die beiden Zähne wollte ich mir sowieso ziehen lassen.«

»Was haben Sie Ihrer Frau denn im vorigen Jahr geschenkt?« – »Einen Nerz. Ich habe ihn ihr aber wieder weggenommen. Sie hat den Käfig nie sauber gemacht.«

Nachdem die beiden lange auf das wogende Meer der Tanzenden hinabgeblickt hatten, sagte der Ehemann versonnen: »Komisch, dass immer die größten Idioten die schönsten Frauen haben!« – Umarmt ihn seine Frau: »Oh du Schmeichler!«

Aus dem Brief eines Ehemanns an sein Weib: »Teure Wiebke, sei so gut und schicke mir deine Pantoffeln! Natürlich meine ich meine und nicht deine Pantoffeln. Aber wenn du liest ›meine Pantoffeln‹, dann meinst du, ich möchte deine Pantoffeln. Wenn ich aber schreibe: Schick mir deine Pantoffeln, dann liest du ›deine Pantoffeln‹ und verstehst richtig, dass ich meine ›meine Pantoffeln‹ und schickst mir meine Pantoffeln. Schick mir also deine Pantoffeln!«

Ruft Hilde aus der Küche: »Karl, du sitzt doch wohl nicht etwa auf den guten Polstern?« Er: »Nein, auf dem Boden!« – »Gut, aber dann schlag wenigstens den Teppich zurück.«

Ein Mann fragt einen anderen: »Magst du Frauen, die dumm sind?« – »Nein!« – »Und Frauen, die zickig sind, magst du die?« – »Nein.« – »Aber Frauen, die nicht kochen können?« – »Auch nicht.« – »Warum läufst du dann ständig hinter meiner Frau her?«

Still und leise kommt er zu mitternächtlicher Stunde aus dem Wirtshaus nach Hause. Sie hat ihn trotzdem gehört: »Ich bin sprachlos!« Er erleichtert: »Bleibe es!«

»Ja, und voriges Jahr ist seine dritte Frau gestorben – Pilzvergiftung.« – »Und was war weiter?« – »Ja, und vor drei Wochen ist seine vierte Frau gestorben.« – »An Pilzvergiftung, natürlich?«, fragen alle. »Nein, an einem Schädelbasisbruch. Die mochte keine Pilze.«

»Wollt ihr euren Urlaub wieder in Paris verbringen?«, fragt Ilona ihre Freundin Barbara. »Ihr wart doch erst voriges Jahr auf eurer Hochzeitsreise dort.« – »Ja, das stimmt«, bestätigt Barbara, »aber diesmal wollen wir die Stadt kennen lernen.«

Ein frisch Verheirateter: »Darf ich vorstellen, meine Frau.« Nach 20 Jahren Ehe: »Können Sie sich vorstellen, meine Frau?« Nach 50 Jahren Ehe: »Können Sie sich bitte mal davor stellen?«

Eine Dame am Straßenrand winkt ganz aufgeregt ein Taxi heran: »Hallo, junger Mann, sind Sie frei?« – »Jawohl!« – »Dann fahren Sie schnell zum Standesamt!« Der Taxifahrer knallt hektisch die Tür zu und meint: »Nein, nein, so frei bin ich nun auch wieder nicht ...«

»Ich möchte meine Frau als vermisst melden.« – »Seit wann wird sie denn vermisst?« – »Seit drei Jahren!« – »Und da kommen Sie heute erst?!« – »Wir haben doch in 14 Tagen Silberhochzeit und da hätte ich sie gern dabei gehabt.«

Eine Frau sagt zu ihrem Mann: »Früher warst du glücklich, wenn du mich bloß ein paar Stunden am Tag sehen konntest.« Er: »Daran hat sich auch nichts geändert!«

Fragt der Malermeister seinen Sohn: »Wann ist Mutter denn endlich fertig mit Schminken?« Darauf der Kleine: »Mit dem Unterputz ist sie schon fertig, sie macht gerade den ersten Anstrich.«

»Mutti, wie lang bist du schon mit Vati verheiratet?« – »Zehn Jahre, mein Kind!« – »Und wie lange musst du noch?«

»Meine Frau macht, was ich will.« – »So? Das kann ich aber gar nicht behaupten.« – »Ist aber so, ich brauche nur nach heißem Wasser zu verlangen und schon bekomme ich es.« – »Und wofür brauchst du heißes Wasser?« – »Zum Geschirrspülen!«

Der Mann zur Frau: »Reich doch mal den Kaffee!« Daraufhin die Frau zum Mann »Na, wie heißt das Wort mit dem ›tt‹?« – »Aber flott!«

Ein Mann verließ die schneebedeckten Straßen von Chicago, um in Florida ein wenig Urlaub zu machen. Seine Frau war auf einer Geschäftsreise und plante, ihn am nächsten Tag dort zu treffen. Als der Mann in seinem Hotel ankam, schickte er seiner Frau eine kurze E-Mail. Leider fand er den kleinen Zettel nicht, auf den er die E-Mail-Adresse geschrieben hatte, also versuchte er sein Bestes und schrieb die Adresse aus dem Kopf auf. Leider vergaß er aber einen Buchstaben, so dass seine Nachricht stattdessen an eine ältere Pastorenfrau geschickt wurde, deren Ehemann gerade am Tag zuvor gestorben war. Als die trauernde Witwe ihre neuen E-Mails las, blickte sie auf den Monitor, schrie einmal laut und sank dann tot auf den Boden.

Diese Nachricht war auf dem Bildschirm zu lesen: »Liebste Ehefrau, ich habe gerade eingecheckt. Alles ist für deine Ankunft morgen vorbereitet.

Dein dich unendlich liebender Ehemann.

P. S. Es ist wahnsinnig heiß hier …«

Nach dem Streit spricht das Ehepaar schon drei Tage nicht mehr miteinander. Am vierten Tag findet sie einen Zettel, auf dem steht: »Morgen um sieben Uhr wecken!« Am nächsten Tag wird er um halb zehn wach und sieht einen Zettel auf seinem Nachttisch: »Sieben Uhr! Aufstehen!«

Fragt die Tochter ihre Eltern: »Mama, sag mal, warum hast du Papa eigentlich geheiratet?« – »Siehst du, Hans Peter«, sagt die Mama, »nicht mal das Kind versteht es.«

Die Frau kommt nach Hause und sagt ihrem Mann, dass sie beim Frisör war. Der Mann daraufhin: »Schatz, den Prozess gewinnen wir!«

Ein altes Ehepaar sitzt vor dem Fernsehapparat. Als die Werbung beginnt, steht die Frau auf. »Gehst du in die Küche?«, fragt der Mann. »Ja, warum?« – »Dann tu mir doch bitte den Gefallen und bring mir aus dem Kühlschrank ein Stück Torte mit. Du kannst zwei Bällchen Eis dazulegen und einen Schuss Himbeergeist darüber schütten. Aber schreib dir alles auf, sonst vergisst du es!« – »Meinst du, ich bin blöd?«, sagt die Frau und verschwindet in der Küche. Nach einer Weile kommt sie mit einem Teller zurück, auf dem zwei Spiegeleier liegen. Meint der Mann: »Und wo ist der Schinken?«

Kapitel 12

»Hände hoch oder ich zeig euch meine Dias!«
Von Bank- und anderen Überfällen

Nach dem Banküberfall fehlen im Tresor zwei Millionen. Der Bankdirektor zu den Reportern: »Schreiben Sie, es seien drei Millionen erbeutet worden, dann hat der Kerl wenigstens einen Riesenkrach zu Hause!«

»Ich glaube, Sven misstraut uns.« – »Wie kommst du denn darauf?« – »Er hat für seine fünf Euro Taschengeld ein Nummernkonto in der Schweiz angelegt!«

Ein Bankräuber kommt in eine Bank gestürmt mit einem Diaprojektor unter dem Arm und brüllt: »Hände hoch und Geld her, oder ich zeige euch meine Dias!«

»Weil du letzte Woche so brav gewesen bist, erhöhen wir dein Taschengeld um ein Drittel.« – »Das ist mir viel zu wenig! Ich möchte mindestens ein Viertel!«

Aus dem Brief eines Vaters an seinen Sohn, der an der Universität studiert: »Anbei die von dir gewünschten 10,- Euro. Übrigens schreibt man zehn Euro mit einer Null und nicht mit dreien.«

»Ich wünschte, ich hätte so viel Geld, dass ich mir einen Elefanten kaufen könnte!« – »Brauchst du denn einen Elefanten?« – »Nein, aber das Geld!«

Der Bankier sagt zu seinem Sohn: »Für jede zwei in einer Klassenarbeit bekommst du zehn Euro.« – Am nächsten Tag schlägt der Sohn der Lehrerin vor: »Sie könnten sich ab und zu fünf Euro verdienen …!«

Eine Oma schreibt an den lieben Gott zu Weihnachten einen Brief: »Bitte schenke mir 100 Euro zu Weihnachten.« Der Brief landet irgendwie beim Finanzamt, die Beamten haben Mitleid mit der Oma und sammeln unter den Kollegen. Sie bekommen 70 Euro zusammen und schreiben der Oma einen Brief: »Anbei 70 Euro. Mit lieben Grüßen vom Finanzamt.« Die Oma schreibt einen zweiten Brief an Gott: »Lieber Gott, wenn du noch mal Geld schickst, dann bitte nicht übers Finanzamt, die haben doch gleich 30 Euro an Steuern einbehalten.«

Zwei Schiffbrüchige retten sich auf eine einsame Insel. Der eine fängt an zu lamentieren: »Wir werden sterben, hier gibt's keine Nahrung und kein Wasser, wir werden sterben.« Der andere lehnt sich an eine Palme und ist die Ruhe selbst, was den anderen schier verrückt macht. »Verstehen Sie nicht? Wir werden sterben.« Der andere antwortet: »Sie wissen wohl nicht, dass ich 100.000 Dollar pro Woche verdiene.« Sein Kamerad sieht ihn verdattert und fragt: »Was nützt uns das? Wir sind auf einer Insel ohne Wasser und Nahrung. Wir werden sterben.« Der andere: »Sie begreifen immer noch nicht. Ich verdiene 100.000 Dollar pro Woche und gebe den Zehnten davon. Mein Pastor wird mich finden.«

Die Omi zum Enkel: »Zum Geburtstag darfst du dir ein schönes Buch wünschen.« – »Dann wünsche ich mir dein Sparbuch!«

Nach dem Einkauf bekommt Heini sein Wechselgeld zurück. Nachdem er es zum vierten Mal gezählt hat, fragt die Kassiererin: »Stimmt es etwa nicht?« – »Doch, aber gerade so eben …!«

Der Vater wirft einen Blick in seine Brieftasche und sieht dann forschend von seiner Frau auf seinen Sohn. »Der Junge hat Geld genommen!« – »Wie kannst du das wissen?«, widerspricht seine Frau, »es könnte ja auch sein, dass ich es genommen habe.« Vater schüttelt den Kopf. »Ausgeschlossen«, entgegnet er, »es ist noch etwas drin.«

Die Gemeindeglieder sind nicht arm, aber mehr als sparsam. Zum vierten Mal versucht der Pastor, durch eine sonntägliche Kollekte zu Geld zu kommen. »Ich lasse jetzt nicht den Klingelbeutel rumgehen, sondern ich nehme einfach einen Hut. Da mag jeder hineinwerfen, was er glaubt geben zu können, um sein Scherflein für die Kirche beizutragen«, erklärt er.
Erwartungsvoll sieht er den Hut von Hand zu Hand gehen. Es dauert zehn Minuten. Dann kommt der Hut zurück. Er ist leer. Spontan fällt der Pastor auf die Knie, hebt die Hände und betet: »Herr, ich danke dir. Ich danke dir, dass bei dieser Gemeinde wenigstens der Hut zurückgekommen ist.«

Sagt die Holzwurmmutter zu ihrer Nachbarin: »Mein Sohn hat es weit gebracht. Er arbeitet jetzt in einer Bank!«

Kapitel 13

Golf am Sabbat und andere Späße
Jüdischer Humor der besonderen Art

Ein Rabbi ärgert sich darüber, dass viele der Gläubigen ohne Käppi in die Synagoge kommen. Also schreibt er an den Eingang: »Das Betreten der Synagoge ohne Kopfbedeckung ist ein dem Ehebruch vergleichbares Vergehen.« Am nächsten Tag steht darunter: »Hab ich probiert. Kein Vergleich!«

Ein Katholik, ein evangelischer Christ und ein Rabbi unterhalten sich, wann das Leben eigentlich anfängt. Der Katholik sagt: »Bei der Zeugung natürlich.« – »Nein, erst bei der Geburt«, sagt der evangelische Christ. Daraufhin der Rabbi: »Wenn das letzte Kind aus dem Haus geht und den Hund mitnimmt, dann fängt das richtige Leben an!«

Ein Rebbe geht am Sabbat spazieren und sieht eine Geldbörse auf der Erde liegen. Ihn überkommen aber starke Zweifel, ob er mit dem Aufheben schon gegen die Sabbatruhe verstößt. Plötzlich fällt er auf die Knie und ruft laut aus: »Danke, oh Herr, für dieses Wunder. Ringsum ist Sabbat, aber an dieser Stelle ist schon Montag.«

Der Rabbi von Chicago ist ein passionierter Golfspieler. Leider regnet es die ganze Woche lang ununterbrochen, und so kann er kein Golf spielen. Doch dann, an einem Sabbatmorgen: Wunderschönes Wetter! Da Menschen jüdischen Glaubens am Sabbat weder arbeiten noch sich irgendwie sportlich betätigen dürfen, steckt der Rabbi in einer verzwickten Lage. Er stellt sich die Frage: »Gott oder Golf?« Er schaut nochmals aus dem Fenster: Der Rasen glänzt und kein Wind ... Einfach perfektes Golf-Wetter. Fünf Minuten später steht er auf dem Golfplatz, natürlich getarnt, und zielt auf das Loch. Petrus hat das alles gesehen und meint zu Gott: »So willst du ihn doch nicht wegkommen lassen?« – »Natürlich nicht«, meint der HERR. Der Rabbi steht an einem 5-Par-Loch, schlägt den Ball, der Ball fliegt und fliegt – genau in das Loch hinein. Da meint Petrus zu Gott: »Was war denn das jetzt? Soll das eine Strafe sein?« »Nun«, sagt Gott und lächelt, »wem will er es erzählen?«

Dennis Ross geht zu einem armen Juden und fragt ihn, ob er heiraten möchte. »Nein, ich bin zu arm.« Dennis Ross erwidert darauf: »Ich habe aber die Tochter des reichen Scheichs von Oman für dich!« – »Ja, dann heirate ich!« Dennis Ross läuft daraufhin zum Scheich von Oman: »Ich habe einen guten Mann für deine Tochter!« – »Meine Tochter will nicht heiraten!« – Dennis Ross: »Der Mann ist aber der Direktor der Weltbank!« – »Okay, dann ist es etwas anderes, er soll mein Schwiegersohn sein!« – Danach läuft Dennis Ross schnell zur Weltbank: »Ich habe einen passenden Direktor für euch!« – »Wir haben schon einen Direktor!« – Dennis Ross: »Der Mann ist der Schwiegersohn vom Scheich von Oman!« – »Ja, dann soll er kommen!« So wurde aus dem armen Israeli der Schwiegersohn des Scheichs von Oman.

Ein Jude kommt zum Metzger und zeigt geradewegs auf einen Schinken und sagt: »Ich hätte gern diesen Fisch dort.« – »Aber das ist doch ein Schinken« – »Mich interessiert nicht, wie der Fisch heißt.«

Ein katholischer Pfarrer und ein jüdischer Rabbiner sitzen bei einem Festessen nebeneinander. Fragt der Pfarrer: »Wann werden Sie endlich so tolerant sein und von diesem köstlichen Schweinebraten essen?« Antwortet der Rabbiner: »Bei Ihrer Hochzeit, Hochwürden.«

Ein Jude klagt dem Rabbi sein Leid: »Rabbi«, sagt er, »was soll ich machen? Hab ich gehabt einen Sohn, einen scheenen Sohn, einen guten Sohn, einen frommen Sohn. Hab ich gamacht fuer ihn ein scheenes Testament. Und nu hat mein Sohn sich lassen taufen!« – »Wai«, sagt der Rabbi, »das hab ich auch erlebt: Hab auch ich jehabt einen Sohn, einen scheenen Sohn, einen guten Sohn, einen frommen Sohn. War auch fuer ihn schon jamacht ein scheenes Testament. Und hat sich taufen lassen!« – »Gewalt jeschrien, Rabbi, und was haste jemacht in der Not?« Nu – hab ich mich gewandt an Gott den Herrn um Rat. – »Und Gott, was hat er gesagt?« – »›Rabbi‹, hat er gesagt, ›das hab ich selbst schon erlebt. Hab ich auch jehabt einen Sohn, einen scheeen Sohn, einen guten Sohn, einen frommen Sohn. Hatte ich auch schon gemacht ein scheenes Testament und hat sich auch mein Sohn taufen lassen.‹ – ›Und Gott, du gerechter‹, frag ich: ›Was haste dann jetan?‹ ›Nu‹, sagt Gott, ›was sollte ich tun? Hab ich jemacht ein Neues Testament …‹«

In dem podolischen Nest bleibt ein Reisender mit seinem Automobil stecken. Alle Mühe, den Wagen selber zu reparieren, ist vergeblich. Man ruft den jüdischen Dorfklempner. Dieser öffnet die Motorhaube, blickt hinein, versetzt dem Motor mit einem Hämmerchen einen einzigen Schlag – und der Wagen fährt wieder! »Macht 20 Zloty«, erklärt der Klempner. Der Reisende: »So teuer?! Wie rechnen Sie das?« Der Klempner schreibt auf: »Gegeben a Klopp: 1 Zloty. Gewusst wo: 19 Zloty. Zusammen: 20 Zloty.«

Kohn kommt auf den Bahnsteig gerannt und sieht nur noch die Rücklichter des abfahrenden Zuges. Der Bahnhofsvorsteher: »Na, Zug verpasst?« Kohn: »No, na! Verscheucht werd ich ihn haben!«

Kapitel 14

»Vati redet zu viel mit den Händen!«
Was Kinder so alles denken

Kommen zwei Kinder in die Drogerie: »Unser Vati ist gerade in einen Bienenkorb gefallen!« – »Da braucht ihr sicher eine Salbe.« – »Nee, einen Farbfilm!«

Es gibt drei Wege, eine Arbeit zu erledigen:
1. Mache es selbst.
2. Lass es von jemandem machen.
3. Verbiete deinen Kindern, es zu tun.

»Man darf Tiere niemals küssen«, sagt warnend der Lehrer, »weil das sehr gefährlich ist wegen der vielen Krankheiten, die dabei übertragen werden können. Kann mir jemand ein Beispiel nennen?« – »Ja, Herr Lehrer, ich. Meine Tante hat immer den Papagei geküsst.« – »Und?« – »Das Tier ist eingegangen.«

Fritzchens Eltern bekommen Besuch. Fritzchen wird in den Keller geschickt, um zwei gute Flaschen Wein zu holen. Nach ein paar Minuten ist er wieder da und verkündet lauthals: »Papa, das geht nicht mehr.« – »Was geht nicht mehr?« – »Wein aus dem Keller holen.« – »Wieso, ist keiner mehr da?« – »Doch – aber die Müllers haben die Latten wieder angenagelt!«

Brief aus dem Mädchenpensionat: »Liebe Eltern, obwohl das Essen hier alles andere als gut ist, nehme ich ständig zu. Wenn die Waage am Hauptbahnhof stimmt, wiege ich nackt 116 Pfund.«

Beim Sonntagsspaziergang schreit die dreijährige Ilse entsetzt: »Oje! Ich bin in ein ganz hässliches Wort getreten!«

»Geh mal zu Vati und rede mit ihm über dein Zeugnis!« – »Lieber nicht, Mutti, Vati redet immer so viel mit den Händen!«

Drei Kinder unterhalten sich, und jedes will etwas mehr angeben. Das erste: »Wir sind zu Hause drei Kinder, und jedes hat sein eigenes Besteck!« Darauf das zweite: »Na und? Wir sind fünf Kinder zu Hause, und jedes hat sein eigenes Zimmer!« Schließlich das dritte Kind: »Ist doch gar nichts. Wir sind acht Kinder zu Hause, und jedes hat seinen eigenen Papi!«

Britta bekommt für den Abitur-Ball ein traumhaftes Abendkleid. »Mutti, was ist das für ein toller Stoff?« – »Reine Seide, mein Kind.« – »Oh, was für eine Pracht und alles von einem unscheinbaren Wurm!« – »Bitte, sprich nicht so über deinen Vater!«

Ein Kind steht am Straßenrand und weint. Kommt ein Passant: »Warum weinst du denn ?« – »Meine Mutti hat gesagt, ich soll erst alle Autos vorbeilassen, aber ich warte und warte und es kommt keins!«

Die Meiers haben Zwillinge bekommen. Als die Mutter heimkommt, wird sie von dem kleinen Robert begrüßt: »Ich habe der Lehrerin von einem neuen Brüderchen erzählt und habe drei Stunden freibekommen!«, jubelt er. »Warum hast du denn nicht gesagt, dass es zwei sind?«, will die Mutter wissen. »Ich bin doch nicht blöd«, ruft er, »den anderen heb ich mir für nächste Woche auf!«

Der stolze Vater prahlt beim Kaffee, wie toll sein einjähriger Sohn schon sprechen kann. »Bubi, sag mal ›Rhinozeros‹!« Der Kleine kommt zum Tisch gekrabbelt, zieht sich an der Tischkante hoch, schaut skeptisch in die Runde und fragt: »Zu wem?«

Ein fünfjähriger Junge darf ins Flugzeug-Cockpit, setzt sich hin und schaut zu. Die Zeit vergeht. Der Kapitän rückt sich seine Sonnenbrille zurecht. Die Zeit vergeht. Zehn Minuten später fragt der Kapitän den kleinen Jungen: »Na, Kleiner, willst du auch mal Pilot werden?« Der Junge antwortet: »Nee, ich nicht, aber mein Bruder, der faule Sack!«

Die Schwiegermutter ist zu Besuch. Fragt der Enkel: »Wie lange bleibst du?« – »Bis ich euch auf den Wecker falle.« – »Was, so kurz?«

Ein älterer Herr steigt in den Bus und zeigt dem Fahrer eine Monatskarte. »Aber, aber«, meint der Fahrer, »das ist doch eine Schülerkarte.« Der Herr behält die Ruhe. »Da können Sie mal sehen, wie lange ich an der Haltestelle auf Ihren Bus gewartet habe.«

Der stolze Vater: »Kläuschen, der Storch hat dir ein Schwesterchen gebracht. Willst du es sehen?« – »Später – zeig mir lieber erst mal den Storch …«

Die Mutter zur Tochter: »Was machst du denn da?« – »Ich wasche mir meine Haare.« – »Aber die musst du doch vorher nass machen!« – »Nee, auf der Tube steht extra: Für trockenes Haar!«

»Wie habt ihr das nur mit den vielen Namen gemacht?«, wurde der Sachse gefragt, der sieben Söhne hatte. »Wir sind egahl dem Alphabed nachgegangen: Dorr erschte war der Arnst, dorr zweete der Baul, dorr dridde wor dorr Cebedäus, dorr virde wor dorr Deodor, dorr fimfde dorr Edibus und dorr sexde wor dorr Fikdor. So weid, so gud! Awwr beim Siebenden, do habsch Misd gemacht – den habsch Ginder getauft, un wennch ›Ginder‹ rufe, gommen se alle siebene!«

Ein Junge kommt zum Kaufmann und verlangt Tee. Der Kaufmann fragt: »Grünen oder schwarzen Tee?« – »Ach, das ist egal, 's is for ä Blinden.«

Ein zwölf Jahre altes deutsches Kind hat in seinem ganzen Leben noch nie ein Wort gesprochen. Eines Abends plötzlich – die Familie sitzt zusammen am Esstisch – sagt das Kind: »Salz, bitte!« Alles wundert sich und die erstaunten Eltern fragen den Jungen, warum er bisher noch nie etwas gesagt hat. Antwortet der: »Bis heute war alles in Ordnung.«

»Ihr Sohn hat mich jetzt schon zum wiederholten Male ›Alte Kuh‹ genannt.« – »Entschuldigen Sie, ich habe ihm schon so oft gesagt, dass er die Leute nicht nach ihrem Äußeren beurteilen soll.«

Ein kleiner Berliner Junge fragt eines Tages eine vornehme ältere Dame nach dem Weg. Die feine Dame guckt den kleinen Bengel von oben bis unten an und sagt: »Junge, wenn du mit mir redest, dann nimmst du erst mal die Hände aus der Tasche, ziehst deine Mütze vom Kopf, putzt dir deine Rotznase, machst einen ordentlichen Diener und sagst: ›Bitt schön, gnädige Frau‹ zu mir.« Da sagt der Junge: »Nee, dat ist mir viel zu vielle, da verlof ik mir lieber!«

»Mutti, ich geh nie mehr zur Oma. Die hatte nix an.« – »Was, nix an?« – »Nee.« – »Warum das denn?« – »Weiß auch nicht.« – »Wirklich nix an?« – »Nein, kein Fernsehen, kein Radio, nix.«

Der Vater liest am Bett Märchen vor, damit der Sohn einschläft. Eine halbe Stunde später öffnet die Mutter leise die Tür und fragt: »Ist er endlich eingeschlafen?« Antwortet der Sohn: »Ja endlich …«

»Fritzle, warum weinst du denn?« – »Mein Papi hat sich mit dem Hammer auf den Daumen gehauen!« – »Aber deshalb musst du doch nicht weinen!« – »Na ja, zuerst hab ich ja auch gelacht!«

Ein Vater will seinen neugeborenen Sohn beim Standesamt anmelden: »Wie soll er denn heißen?« – »Tulpenheini.« – »Tut mir Leid, aber diesen Namen gibt es nicht.« – »Seltsam«, meint der Vater, »die Tochter meines Nachbarn heißt doch auch Rosemarie.«

Vor dem Kindergarten wurden ein Paar Handschuhe gefunden. Die Kindergärtnerin zeigt sie ihren Kindern: »Wem gehören diese Handschuhe?« – »Sie sehen aus wie meine«, sagt die kleine Barbara, »aber das können sie gar nicht sein, die sind ja weg.«

Kapitel 15

»Das weiß ich auch nicht!«
Wir alle bleiben Lernende ...

»Was halten Sie als Lehrer davon, dass immer jüngere Schülerinnen sich schminken?« – »Das ist schon in Ordnung, die heulen wenigstens nicht, wenn man schlechte Noten verteilt.«

Zwei Schuljungen unterhalten sich: »Was nehmt ihr denn grade in der Schule durch?« – »Das Kapital von Karl May.« – »Aber das Kapital ist doch nicht von Karl May, sondern von Karl Marx!« – »Ach so, deshalb! Wir sind schon auf Seite 200, und noch keine Indianer.«

»Du da, neben der Tür«, fragt der Lehrer, »wann wurde Goethe geboren?« – »Weiß ich nicht.« – »Aha. Und wann wurde Luther geboren?« – »Weiß ich auch nicht.« – »Sag mal, hast du gestern Hausaufgaben gemacht?« – »Nein, Skat gespielt.« – »Das ist ja ein starkes Stück! Was willst du dann eigentlich hier auf der Schule?« – »Glühbirnen auswechseln. Ich bin der Elektriker.«

Frage: Was ist Mengenlehre? Antwort: Wenn 3 Leute in einem Zimmer sind und 5 rausgehen, dann müssen 2 wieder reinkommen, damit das Zimmer leer ist.

Verärgert über den ohrenbetäubenden Lärm im Klassenzimmer dreht sich der Lehrer zu seinen Schülern um und sagt: »Wenn die da hinten genauso ruhig wären wie die, die in der Mitte sitzen und ihre Kreuzworträtsel lösen, dann könnten die in der ersten Reihe in aller Ruhe weiterschlafen.«

Tim kommt begeistert von der ersten Englischstunde in der Schule nach Hause und verkündet stolz: »Mami, nun kann ich schon Guten Tag, Auf Wiedersehen und Danke schön auf Englisch sagen.« – »Na prima, das konntest du ja bisher noch nicht mal in Deutsch sagen.«

»Ihr Sohn hat in der Schule bei der letzten Mathe-Arbeit abgeschrieben.« – »Woher wollen Sie das denn wissen?« – »Er hat neben dem Klassenbesten gesessen. Und der hat bei der 4. Aufgabe in sein Heft geschrieben: ›Weiß ich leider nicht.‹ Und Ihr Sohn hat daraufhin in sein Heft geschrieben: ›Ich auch nicht.‹«

Thorsten geht mit seinem Vater spazieren. Sie kommen am Schulgelände vorbei. »In diese Schule bin ich seinerzeit auch jahrelang jeden Tag gegangen.« – »Ach, deswegen sagte mein Lehrer gestern, er hätte seit 30 Jahren nicht so einen Deppen wie mich unterrichtet …!«

Der Lehrer erzählt den Kindern: »Der Mensch kann also mit der Nase riechen, mit den Füßen laufen, mit dem Mund reden und mit den Händen arbeiten.« Meldet sich aufgeregt Fritzchen. »Ja, Fritzchen, was möchtest du sagen?« – »Das ist aber bei dem Herrn Meier, der neben uns wohnt, ganz anders. Bei dem riechen die Füße, läuft die Nase, arbeitet das Mundwerk und reden tut der mit den Händen!«

In der Schule fragt der Lehrer: »Wer kann mir die drei Eisheiligen nennen?« Meldet sich Peter: »Langnese, Schöller und Dr. Oetker!«

»Warum hast du kein Zeugnis?« – »Das habe ich Kurt mitgegeben, der will seine Eltern damit erschrecken.«

An der Uni

Fragt der eine Student den anderen: »Weißt du, wie spät es ist?« – »Mittwoch«, sagt der andere. – »Sommer- oder Wintersemester?«

Im Hörsaal sind zwei Garderobenhaken angebracht worden. Darüber ein Schild: »Nur für Dozenten!« Am nächsten Tag klebt ein Zettel drunter: »Aber man kann auch Mäntel daran aufhängen …«

Warum stehen Studenten um halb acht auf? Weil um acht Uhr die Geschäfte zumachen.

»Was ist Betrug?«, fragt der Professor den Jurastudenten. »Betrug ist, wenn Sie mich durchfallen lassen.« – »Wieso denn das?« – »Weil sich nach dem Strafgesetzbuch derjenige des Betruges schuldig macht, der die Unwissenheit eines anderen ausnützt, um diesen zu schädigen.«

Rotkäppchen für intellektuelle Studierende

Es war einmal ein Mädchen, dem wurde eindeutig eine rote Kappe zugeordnet, wodurch es als Rotkäppchen definiert wurde.

»Kind«, argumentierte die Mutter, »werde kreativ, mathematisiere die kürzeste Verbindung des Weges zu Großmutter, analysiere aber nicht die Blumen am Wege, sondern formalisiere deinen Weg in systematischer Ordnung.«

Rotkäppchen vereinigte einen Kuchen, eine Wurst und eine Flasche Wein zu einer Menge, hinterfragte noch einmal den Weg und ging los.

Im Walde schnitt ihr Weg den Weg eines Wolfes. Er diskutierte mit ihr über die Relevanz eines Blumenstraußes für die Großmutter und motivierte sie, einen geordneten, höchstens abzählbaren Strauß zu verknüpfen. Inzwischen machte der Wolf die Großmutter zu einer Teilmenge von sich.

Als Rotkäppchen dann ankam, fragte sie: »Großmutter, warum hast du so große Augen?« – »Ich habe gerade meine neue Telefonrechnung gesehen!« – »Großmutter, warum hast du so große Ohren?« – »Ich habe versucht, Prüfungsaufgaben durch die Tür zu erlauschen!«

»Großmutter, warum hast du einen so großen Mund?« – »Ich habe gerade versucht, das Mensaessen zu schlucken!«

Daraufhin machte sich der Wolf zur konvexen Hülle von Rotkäppchen. Ein Jäger kam, sah die leere Menge von Großmüttern im Haus und problematisierte die Frage, bis sie ihm transparent wurde. Dann nahm er sein Messer und machte aus dem Wolf eine Schnittmenge.

Die im Wolf integrierten Personen wurden schleunigst von ihm subtrahiert. Zum Wolf wurde eine mächtige Menge von Steinen addiert. Er fiel in einen zylinderförmigen kartesischen Brunnen, bis seine Restmenge nicht mehr lebte.

Kapitel 16

Einfach tierisch!
So platte Hühner haben wir doch gar nicht ...

Ferdinand holt sich sechs Schachteln Mottenkugeln in der Drogerie. Der Drogist wundert sich: »Sie brauchen aber eine Menge von diesem Zeug. Sie haben doch erst gestern 10 Schachteln geholt.« – »Was glauben Sie«, meint Ferdinand, »wie schwer man diese Biester trifft!«

Ein Mann sitzt am Fluss und angelt. Plötzlich kommt die Polizei vorbei und sagt: »Kann ich mal Ihren Angelschein sehen!« – »Ich habe keinen.« – »Sie können doch nicht ohne Angelschein angeln!« – »Doch, ich nehm immer einen Wurm dazu.«

Die Geschichte spielt in einem kleinen heruntergekommenen Zoo, der ohnehin nur mehr schlecht als recht über die Runden kommt. Da passiert das Unfassbare: Der Gorilla stirbt. Er war die Hauptattraktion und ohne ihn droht dem Zoo die Pleite. Die Zooleitung berät, was zu tun ist. Nach langem Hin und Her kommen sie zu dem Entschluss: Wir können uns keinen neuen Gorilla leisten, aber ohne einen Gorilla können wir dichtmachen. Deshalb müssen wir jemanden einstellen, der den Gorilla spielt. Gesagt, getan: Man findet tatsächlich jemanden, der bereit ist, den Job zu übernehmen. Er bekommt das extra angefertigte Gorilla-Kostüm angezogen und darf im Gorilla-Gehege seine ersten

Versuche machen. Er hüpft zunächst etwas zaghaft im Käfig auf und ab, wird dann aber immer mutiger. Es klappt fabelhaft. Keiner der Besucher merkt den Unterschied! Der Mann ist ein Naturtalent. Von Tag zu Tag wird er routinierter, hangelt sich elegant den Baum hoch und runter, springt am Käfiggitter hoch, schlägt sich an die Brust usw. Die Zooleitung ist außerordentlich zufrieden. Da passiert das Unglück: Der »Gorilla« wird bei seinen Turnübungen zu übermütig und lässt im falschen Moment den Ast los. Er hat so viel Schwung, dass es ihn über die Absperrung des Käfigs katapultiert und er landet im Nachbargehege! Dort ist der Löwe untergebracht! Der Löwe kommt auch gleich schnurstracks auf den Gorilla zu. Dieser bekommt panische Angst, läuft völlig kopflos ans Gitter – fängt an daran zu rütteln und ruft laut: »Hilfe, Hilfe, holt mich um Himmels willen hier raus!« – Da springt der Löwe mit einem riesigen Satz auf den zitternden Gorilla zu und zischt ihm ins Ohr: »Halts Maul, oder wir verlieren beide unseren Job!!!«

Kommt ein Mann bei einem Schäfer mit seiner Schafherde vorbei und fragt: »Was bekomme ich, wenn ich errate, wie viele Schafe Sie haben?« Erwidert der Schäfer: »Dann bekommen Sie von mir ein Schaf!« Überlegt der Mann kurz und sagt: »Sie haben 848 Schafe!« Der Schäfer: »Jawohl, das stimmt. Suchen Sie sich ein Schaf aus.« Der Mann sucht sich ein Tier aus und packt es in einen Sack. Danach fragt der Schäfer den Mann: »Was bekomme ich von Ihnen, wenn ich Ihren Beruf errate?« Der Mann: »Dann erhalten Sie das Schaf wieder zurück.« Der Schäfer: »Sie sind Unternehmensberater!« Der Mann: »Wie kommen Sie denn darauf? Das stimmt!« Der Schäfer: »Erstens sind Sie hierher gekommen, ohne dass ich Sie gerufen habe. Zweitens haben Sie mir etwas gesagt, was ich schon lange wusste. Und drittens haben Sie keine Ahnung von der Materie: Mein Hund bleibt nämlich hier!«

Treffen sich zwei Freunde. »Ich habe letzte Woche einen herrenlosen Pinguin gefunden.« Der andere daraufhin: »Geh doch mit ihm in den Zoo!«. »Da war ich gestern, heute geh ich mit ihm ins Kino.«

Ein Känguru-Baby steht auf einer Eisscholle in der Antarktis und friert erbärmlich. Zur gleichen Zeit befindet sich ein Pinguin-Baby im Beutel eines Kängurus und hüpft durch eine Wüste in Australien. Sagt das Pinguin-Baby: »Scheiß Schüleraustausch!«

Ein texanischer Milliardär feiert seinen Geburtstag auf seinem riesigen Anwesen. Jedes Jahr lässt er sich dazu in seinen Swimmingpool im Garten einen Haifisch setzen. Kurz vor Sonnenuntergang ist es auch dieses Jahr so weit: Der Milliardär bittet seine Gäste in den Garten zu seinem Swimmingpool und sagt: »Wer es schafft, diesen Swimmingpool mit dem Haifisch darin einmal der Länge nach zu durchschwimmen und am anderen Ende wieder lebend aus dem Wasser zu kommen, der darf wählen: Ich gebe ihm entweder die Hälfte dieses wunderschönen Anwesens oder die Hälfte meines Vermögens oder die Hand meiner Tochter.« Es folgt atemloses Schweigen. In den letzten Jahren hatte niemand den Mut. Da, plötzlich hört man einen Platsch. Alle fahren herum und sehen, wie ein junger Mann so schnell er nur kann den Pool durchschwimmt. Der Haifisch entdeckt ihn ebenfalls und heftet sich an seine Ferse. Er schnappt nach dem jungen Mann, der immer gerade noch den scharfen Zähnen entkommt. Mit letzter Kraft gelingt es dem jungen Mann, sich aus dem Pool an Land zu retten. Der Haifisch donnert mit seinem Maul gegen die Poolwand und gibt verärgert auf. Die gespannte Stille wird zu riesigem Jubel. Der Milliardär kommt aufgeregt zu dem nassen jungen Mann, der nach Luft schnappt, und schlägt ihm auf die Schulter: »Unglaublich! Herzlichen Glückwunsch! Das hat vor Ihnen noch keiner geschafft! Nun wollen Sie sicher die Hälfte dieses wunderschönen Anwesens.« – »Nein.« – »Nicht? Dann wollen Sie sicher die Hälfte meines Vermögens.« – »Nein.« – »Ah, ich sehe schon, Sie sind ganz ein Schlauer. Sie wollen natürlich die Hand meiner Tochter!« – »Nein.« Ungläubiges Schweigen folgt. Etwas ratlos fragt der Milliardär: »Was wollen Sie dann?« – »Name und Anschrift des Kerls, der mich in den Pool geschubst hat!«

Eine Schnecke krabbelt im Winter auf einen Baum. Kommt jemand vorbei und fragt: »Wo willst du denn hin?« – »Kirschen essen.« – »Aber es gibt doch noch gar keine Kirschen.« – »Nee, heut nicht, aber wenn ich oben bin!«

Ein junges Ehepaar sitzt beim Abendessen. Der Mann erkundigt sich: »War das Essen wieder aus der Dose?« – »Ja, mein Schatz, und stell dir vor, es war so ein süßer Hund darauf abgebildet und daneben stand: »Für Ihren Liebling.«

Im Unterricht werden die Meeresbewohner durchgenommen. »Wozu gehört der Delphin?«, will der Lehrer wissen. »Zu den Säugetieren«. – »Richtig. Und der Hering?« – »Zu den Pellkartoffeln.«

»Wir müssen unsere Hühner jetzt im Keller unterbringen.« – »Wieso das denn?« – »Ja, weil der Boden schon brechend voll von Hühnern ist.« – »Wieso sind denn eure Hühner auf dem Boden?« – »Es sagen doch alle, Bodenhaltung wäre artgerechter!«

Das Kamelkind fragt den Kamelvater: »Du, Papi, warum haben wir eigentlich zwei Höcker auf dem Rücken?« Darauf der Kamelvater: »Damit speichern wir Nahrung, wenn wir durch die Wüste ziehen.« Kamelkind: »Und warum haben wir so lange Wimpern?« Kamelvater: »Damit uns der Wind nicht den Sand in die Augen bläst, wenn wir durch die Wüste ziehen.« Kamelkind: »Und warum haben wir Hufe anstelle von Füßen?« Kamelvater: »Damit wir nicht im Sand einsinken, wenn wir durch die Wüste ziehen.« Kamelkind: »Und was machen wir dann im Zoo?«

Fuchs und Gans gehen miteinander durch den Wald. Meint die Gans: »Huch, ist das dunkel hier, da kann man ja richtig Angst kriegen!« Meint der Fuchs: »Ja, und ich erst, wenn ich nachher alleine zurückgehe.«

Treffen sich zwei Hunde. »Na, wer bist du? Ich bin adelig, ich heiße ›Hasso vom Schlosspark‹ – und du?« Darauf der andere: »Ja, ich bin auch adelig, ich heiße ›Runter vom Sofa‹!«

Ein Autofahrer aus der Stadt fährt durch ein Dorf und fährt ein Huhn platt. Er geht zum nächsten Bauern und fragt ihn: »Ist das Ihr Huhn?« Darauf der Bauer: »Nee, so platte Hühner haben wir nicht!«

»Bei uns in Alaska ist es so kalt, dass wir unter den Kühen Feuer machen müssen, um die gefrorene Milch im Euter aufzutauen.« – »Und bei uns in Kenia ist es so heiß, dass wir den Hühnern Eiswürfel geben müssen, damit sie keine hart gekochten Eier legen.«

Kapitel 17

Wer den Gottesdienst hält, wird im Schaukasten aufgehängt!
In der Gemeinde geht's rund

Ein Baptist und ein Lutheraner streiten sich über die Taufe. Der Lutheraner sagt: »Bruder, wenn ich bis zu den Knöcheln im Wasser stehe – bin ich dann getauft?« Der Baptist erwidert: »Nein, das reicht nicht.« – »Und wenn ich bis zu den Knien im Wasser stehe?« – »Nein, auch nicht.« – »Na gut, bis zum Bauch? Ist das genug?« – »Nein.« – »Also gut«, sagt schließlich der Lutheraner, »was ist, wenn mir das Wasser hier oben bis über die Augenbrauen steht – bin ich dann getauft?« – »Tut mir Leid«, entgegnet der Baptist, »nicht einmal das genügt.« – »Siehst du, und genau das versuche ich dir die ganze Zeit zu erklären: Das Einzige, was zählt, ist das kleine Stück hier oben am Kopf!«

An einem Sonntagmorgen klopft die Mutter an die Zimmertür ihres Sohnes und sagt ihm, es sei Zeit, aufzustehen und zum Gottesdienst zu gehen. »Ich gehe heute Morgen nicht zum Gottesdienst«, sagt der Sohn. »Du musst aber«, sagt die Mutter. »Nein, das tue ich nicht«, sagt der Sohn. »Doch, das tust du«, sagt die Mutter. »Nein, das tue ich nicht – sie mögen mich nicht, und ich mag sie nicht«, sagt der Sohn. »Gib mir zwei gute Gründe, weshalb ich da hingehen soll!« – »Erstens bist du 55 Jahre alt und zweitens: Du bist der Pastor!«

Wenn der Pfarrer einmal länger als zehn Minuten predigt,
dann hat er wieder die Langspielplatte aufgelegt.

Wenn er bei der Predigt laut spricht, dann schreit er.

Wenn er normal spricht, dann versteht man nichts.

Wenn er ein eigenes Auto besitzt, dann ist er weltlich gesinnt.

Wenn er keines hat, dann geht er nicht mit der Zeit.

Wenn er Hausbesuche macht, dann ist er nie zu Hause.

Wenn er zu Hause ist, dann macht er keine Hausbesuche.

Wenn er die Leute besucht, dann schnüffelt er überall herum.

Wenn er um Spenden bittet, dann ist er geldgierig.

Feiert er keine Feste, dann ist in der Gemeinde nichts los.

Wenn er die Kirche renoviert, dann wirft er das Geld zum Fenster hinaus.

Tut er es nicht, dann lässt er alles verkommen.

Ist er zu jung, dann fehlt im doch jede Erfahrung.

Ist er alt, dann hat er den Anschluss verpasst und sollte sich endlich pensionieren lassen.

Solange er lebt, hat er immer Leute, die alles besser können als er. Wird er pensioniert, ist aber keiner da, der ihn ersetzten könnte.

Die beiden Kinder einer schwäbischen Familie werden am Sonntag während des Mittagessens gefragt, was sie denn heute im Kindergottesdienst gehört haben. Nach anfänglichem Schweigen und Überlegen fällt der älteren Tochter doch noch ein, dass irgendwas Schreckliches passierte und Feuer vom Himmel fiel. Bei diesem Stichwort erinnert sich auch wieder der kleinere Bruder und erzählt von der Zerstörung der Städte Sodom und Gomorra und erwähnt dabei: »Un dann isch Lot's Weib zum Salz-Schweinle worre.« Die ältere Schwester berichtigt ihn: »Hanoi, zur Salz-Säule isch se worre!« Darauf rechtfertigt sich der Bruder: »Aber Säule isch doch ein zu wüschtes Wort für Lot's Weib!«

Ich habe einen Traum

Ich träume von einer Gemeinde,
- in der ganz verschiedene Menschen zusammen leben.
- in der jeder gebraucht wird und sich zum Wohl anderer einbringen kann.
- in der der andere wertvoll ist, weil er ein Kind Gottes ist und von ihm geliebt wird, egal, was er leistet.
- in der die Menschen durch eine tiefe Liebe verbunden sind.
- in der die Liebe den anderen in seiner Andersartigkeit stehen lassen kann.
- in der jeder den anderen wichtiger nimmt als sich selbst.
- in der die Menschen mit allen Gefühlen ernst genommen werden.
- in der ...   – in der ...   – in der ...
- in der ...   – in der ...   – in der ...

Träumen Sie weiter, trainieren Sie Barmherzigkeit und üben Sie Liebe, dass diese Träume immer mehr Wirklichkeit werden.

»Am nächsten Sonntag möchte ich über die Wahrheit predigen«, erklärt der Pfarrer von der Kanzel herunter. »Zur Vorbereitung des Themas bitte ich die Gemeinde, das Kapitel 22 des Johannesevangeliums zu lesen.« Eine Woche später steht der Pfarrer wieder auf der Kanzel. Er fragt: »Wer hat Johannes 22 gelesen?« Viele Hände gehen hoch. »Das Johannesevangelium hat leider nur 21 Kapitel«, sagt der Pfarrer. »Und jetzt zu meiner Predigt über Ehrlichkeit.«

Zehn Gebote der Gelassenheit

1. Nur für heute werde ich mich bemühen, den Tag zu erleben, ohne die Probleme meines Lebens auf einmal lösen zu können.
2. Nur für heute werde ich die größte Sorge für mein Auftreten pflegen: vornehm in meinem Verhalten; ich werde niemanden kritisieren, ja, ich werde nicht danach streben, die anderen zu korrigieren oder zu verbessern – nur mich selbst.
3. Nur für heute werde ich in der Gewissheit glücklich sein, dass ich für das Glück geschaffen bin – nicht nur für die anderen, sondern auch für diese Welt.
4. Nur für heute werde ich mich an die Umstände anpassen, ohne zu verlangen, dass die Umstände sich an meine Wünsche anpassen.
5. Nur für heute werde ich zehn Minuten meiner Zeit einer guten Lektüre widmen; wie die Nahrung für das Leben des Leibes notwendig ist, ist die gute Lektüre notwendig für das Leben der Seele.
6. Nur für heute werde ich eine gute Tat vollbringen, und ich werde es niemandem erzählen.
7. Nur für heute werde ich etwas tun, dass ich keine Lust habe zu tun; sollte ich mich in meinen Gedanken beleidigt fühlen, werde ich dafür sorgen, dass niemand es merkt.
8. Nur für heute werde ich ein festes Programm aufstellen. Vielleicht halte ich mich nicht genau daran, aber ich werde es aufsetzen. Und ich werde mich vor zwei Übeln hüten: die Hetze und die Entschlossenheit.
9. Nur für heute werde ich fest glauben – selbst wenn die Umstände das Gegenteil zeigen sollten –, dass die gütige Vorsehung Gottes sich um mich kümmert, als gäbe es sonst niemanden in der Welt.
10. Nur für heute werde ich keine Angst haben. Ganz besonders werde ich keine Angst haben, mich an allem zu erfreuen, was schön ist, und an die Güte zu glauben. Mir ist es gegeben, das Gute während zwölf Stunden zu wirken; mich könnte es entmutigen zu denken, dass ich es das ganze Leben durchsetzen muss.

»Warum ist es in unserer Gemeinde so langweilig?« – »Das liegt am Islam.« – »Was hat der denn damit zu tun?« – »Ja, der Jugendkreis is lahm, der Seniorenkreis is lahm …«

Die Gemeinde in Afrika betet seit drei Wochen um Regen. Der Pastor: »Liebe Geschwister, bei eurem Unglauben kann Gott auch kein Regen schicken, keiner kommt mit dem Regenschirm in den Gottesdienst.«

Im Schaukasten einer Gemeinde: »Wer am Sonntag Gottesdienst hält, wird ab Montag im Schaukasten aufgehängt!«

Was ist eine lebendige Gemeinde?

▷ Ob eine Gemeinde lebendig ist, erkennt man nicht in erster Linie am Sonntag im Gemeindehaus, sondern von Montag bis Samstag im Büro, in der Schule, am Fließband, im Auto, im Sportverein, beim Feiern, in der Küche, vor dem Fernseher …

▷ Eine lebendige Gemeinde wird nicht zuerst daran arbeiten, dass der ganze Ort die Gemeinde kennt, sondern dass die ganze Gemeinde den Ort kennt – und für ihn betet.

▷ Eine lebendige Gemeinde braucht nicht einen Pastor, der begabter ist als andere und sich einsetzt bis zur Aufgabe, sondern einen, der bei anderen Begabungen entdeckt und ihnen eine Aufgabe gibt.

▷ In einer lebendigen Gemeinde ist nicht die Jugend die Zukunft der Gemeinde, sondern die Gemeinde ist die Zukunft der Jugend.

▷ Eine lebendige Gemeinde wird Sünder aushalten, ohne sie loswerden zu wollen; aber Sünder werden die lebendige Gemeinde nicht aushalten, ohne ihre Sünde loswerden zu wollen.

▷ In einer lebendigen Gemeinde werden zum Anbetungsgottesdienst Ungläubige kommen und sich bekehren und zur Evangelisation Gläubige kommen und Gott, den Herrn, anbeten.

▷ In einer lebendigen Gemeinde streitet man nicht über Anbetungslieder, sondern man singt sie – egal aus welchem Jahrhundert die (G)lieder kommen.

▷ In einer lebendigen Gemeinde wird beim Gebet viel gearbeitet und beim Arbeiten viel gebetet.

▷ In einer lebendigen Gemeinde kommt es nicht so sehr auf Traditionen an, sondern auf das geistliche Leben, das sie beinhalten.

▷ Es gibt Unterschiede zwischen Gemeinden: In der einen wird vieles aus dem Wort Gottes erschöpfend behandelt, in der anderen werden mit dem Wort Gottes viele Erschöpfte behandelt.

▷ Eine Gemeinde wird lebendig, wenn sie aufhört, den Heiligen Geist kontrollieren zu wollen, und anfängt, sich seiner Kontrolle anzuvertrauen.

(Volkmar Glöckner)

Kapitel 18

Der gnadenlose Segen Gottes ...
»... ob uns da als Gemeinde nicht etwas fehlt?«

Der »schönste« Humor ist eigentlich der, der durch komische Momente oder witzige Begebenheiten ganz spontan im Alltag entsteht, der nicht künstlich gemacht wird, sondern unfreiwillig passiert. Als wir vor 20 Jahren mit drei anderen Ehepaaren nach Calden zogen, ahnten wir nicht, dass durch unseren Hauskreis eine Gemeinde entstehen würde. 1995 kauften wir eine Diskothek, bauten sie um als Gemeindezentrum und begannen mit einer Gemeindearbeit. Seit dieser Zeit sammle ich humorvolle Erlebnisse aus unserer Gemeinde:

Ihhh, Spinnen ...! Bei unserem großen Frühjahrsputz im April entdeckten wir natürlich auch viele Spinnen, hinter Gardinen, am Fenster usw. Annika sagt: »Die sind jetzt schon so lange im Gottesdienstraum, die sind sicher schon bekehrt«. Daraufhin Sibylle, während sie die Fenster nass abwischt: »Dann werden sie heute getauft und – dann sind sie sicher auch gleich im Himmel.«

Fabian sagt zu Hanna: »Im Paradies hätte Gott bei dir gar keinen Baum und Äpfel gebraucht, um dich zu verführen, da hätte es auch ein Putzeimer getan ...«

Marion liest die Weihnachtsgeschichte vor und verliest sich: »Und diese Schätzung war die allererste und geschah zu der Zeit, da Quirinius Statthalter in Sibirien war …«

Im Leitungskreis suchen wir nach unserem Leitgedanken der Gemeinde. Da sagt Gisela: »Wir sind eine Gemeinschaft trotz verschiedener Konfektionen.«

Wir reden im Hauskreis über die Kreuzigung Jesu. Ulla will etwas einfügen und sagt aus Versehen: »… der Zecher am Kreuz …«, statt »… der Schächer am Kreuz …«

Karl-Heinz, unser Kassierer zählt gerade das Geld der Kollekte, da kommt ein Kind zu ihm und fragt aus tiefstem Herzen: »Was verdient man denn so an einer Gemeinde?«

Als wir das unbearbeitete Grundstück hinter unserem Gemeindehaus aufbereiten wollten, merkten wir erst, wie stein-reich wir als Gemeinde sind. Beim Steine-aufsammeln bzw. als wir sie auf einen Haufen werfen wollten, hatten wir immer ein schlechtes Gefühl. Wir dachten immer an die Bibelstelle »Wer ohne Sünde ist, der werfe den ersten Stein …« – Auch später, als wir das Gras zusammenrechen wollten, machten wir dies nur ungern, weil wir als Christen ja eigentlich nicht rächen sollten …

Ein etwas älteres Ehepaar hat sich für ein Leben mit Jesus entschieden. Der Mann erzählt dies freudestrahlend seiner Schwester: »Ich habe zu Gott gefunden!« Daraufhin die Schwester: »Waaas, in dem Alter?!«, als wenn sie sagen wollte: »Jetzt lohnt es sich auch nicht mehr.« Er daraufhin: »Jetzt erst recht. Vor Gott sind doch sowieso 1.000 Jahre wie ein Tag.«

Matthias im Hauskreis: »Der Segen Gottes ruht hartnäckig auf uns.« Daraufhin Christine: »Fast könnte man ja sagen, auf uns ruht gnadenlos der Segen Gottes.«

Ruth betet im Hauskreis während einer Gebetsgemeinschaft: »… und Herr, vergib mir, dass ich immer den Balken im Auge der anderen sehe und meinen eigenen Splitter nicht erkenne.«

Gisela sagt, als einer vom Leitungskreis sich ekelt vor einem Wurm, der aus einer der selbst mitgebrachten Pflaumen herausguckt: »Wenn du Schwein essen kannst, kannst du auch Wurm essen!«

Aus einer Predigt: »Jesus hat sich durch die drei Jahre, die er nur zur Verfügung hatte, nicht unter Druck gesetzt. Er hat so gehandelt, als wenn er ewig leben würde.«

Im Leitungskreis sagte einer: »Jeder fünfte Leiter in der Bibel ist ein Mörder. Ob uns als Gemeinde da was fehlt?«

Kapitel 19

Für das Straßenpflaster ist gesorgt ...

... zwischen Himmel und Hölle

Neulich in einem kleinen Betrieb. »Glauben Sie an ein Leben nach dem Tode?«, fragt der Boss seinen Angestellten. »Ja, natürlich.« – »Aha, dann ist ja alles in Ordnung, denn kurz nachdem Sie gestern zum Begräbnis ihrer Großmutter gingen, kam die alte Dame vorbei, um sie zu besuchen ...«

Petrus empfängt einen Christen im Himmel und zeigt ihm die einzelnen Bereiche. »Hier sind die Katholiken und hier sind die Protestanten.« Plötzlich spricht er mit verhaltener Stimme weiter und sagt: »Hier müssen Sie jetzt ganz leise sein, da sind nämlich die Pfingstler und die denken, sie sind ganz allein hier oben!«

Eine Theaterszene beschreibt eine Realität, die sich bis heute in vielen Varianten wiederholt. König Heinrich VIII. von England rief seinen Hofnarren an sein Sterbebett und sagte zu ihm: »Mein Freund, wir müssen Abschied nehmen.« Der Narr behielt seine Kappe auf und fragt mit verstelltem Ernst: »Wohin gehst du, Herr?« – »Ich weiß es nicht«, antwortet der König. »Hast du dir Reisegeld mitgenommen?« – »Nein, das habe ich nicht«, bekannte der Befragte. »Dann hast du sicher für einen Wegweiser oder Führer gesorgt?«, erkundigt sich der Gerufene.

Da seufzte der König und erwiderte traurig: »Ich kenne keinen.« Da nahm der Narr seine Kappe ab und rief: »Oh, König, ich hab mir mein Lebtag gewünscht, einen größeren Narren als mich kennen zu lernen. Heute ist er mir begegnet. Du begibst dich auf eine Reise und kennst den Weg nicht. Du kehrst nicht mehr zurück und nimmst weder Nahrung noch Reisegeld mit. Du weißt nicht, wo du bleibst, und hast keinen Führer, der dich sicher ans Ziel bringt. Da, nimm die Narrenkappe, du bist der Größere von uns beiden.«

»Denn was gewinnt ein Mensch, selbst wenn ihm die ganze Welt zufällt und er dabei das ewige Leben verliert?« (Matth. 16,28)

Einem reichen Mann wurde mitgeteilt, dass er nur noch wenige Tage zu leben hatte. Seine größte Sorge war nicht das Sterben, sondern der hinterlassene Reichtum. Er schüttete sein Herz vor Gott aus, und der Herr gestattete ihm (ausnahmsweise), einen Koffer in den Himmel mitzubringen. Der Mann war überglücklich und wies seinen finanziellen Berater an, Goldbarren bereitzustellen. Kurze Zeit später starb er und wurde von Petrus an der Himmelstür begrüßt: »Herzlich willkommen. Leider können Sie Ihren Koffer nicht mit hineinnehmen.« – »Aber Gott hat mir eine Sondergenehmigung für diesen Koffer erteilt«, protestierte der Mann. Petrus bat den Mann, den Koffer zu öffnen. Als er die Goldbarren sah, sagt er: »Straßenpflaster!? Sie haben Straßenpflaster mitgebracht!«

Ein Student in einem Predigtnachgespräch: »Ob es das ewige Leben wirklich gibt, Herr Pfarrer, werden wir hier nicht entscheiden. Also sterben wir erst einmal. Und dann reden wir weiter.«

Ein Straßenevangelist wurde mehrmals von einem Zwischenrufer gestört. »Wo hatte Kain seine Frau her?«, kam die nächste Frage. Der Evangelist erkannte, dass er überhaupt nicht weiterkommen würde, wenn er auf diesen Störenfried nicht eingehen würde. »Ich weiß es nicht. Wenn ich Kain im Himmel sehe, werde ich ihn fragen«, antwortete er. »Und was ist, wenn er es nicht geschafft hat, in den Himmel zu kommen?«, bohrte der Zwischenrufer weiter. »Dann können Sie ihn ja fragen«.

Ein stadtbekannter Atheist begegnete unerwartet einem Pastor. Dieser wollte ihm aus dem Weg gehen. Der Mann hielt ihn zurück: »Bleiben Sie«, sagte er, »denn wenn wir sterben, werden wir doch denselben Wege gehen müssen: Ich aus Mangel an Glauben und Sie aus Mangel an christlicher Liebe.«

Ein 85 Jahre alter Mann kommt in eine Amsterdamer Sprachenschule um Hebräisch zu lernen. »Finden Sie nicht, dass das etwas spät ist?« – »Wenn ich meinem Schöpfer gegenüberstehe möchte ich mit seiner Sprache mit ihm sprechen können.« – »Und wenn Sie in die Hölle kommen?« – »Ein wenig Deutsch kann doch jeder …«

Zu guter Letzt

Die Erschaffung des Menschen
(Kleine Ergänzung zur Schöpfungsgeschichte)

Als Gott das Maultier erschuf, sagte er zu ihm: »Du bist ein Maultier, du wirst jeden Tag von Sonnenaufgang bis Sonnenuntergang arbeiten und schwere Lasten auf deinem Rücken tragen. Du wirst Gras fressen und wenig Verstand haben, dafür aber fünfzig Jahre alt werden.« Das Maultier antwortete: »Auf diese Art und Weise fünfzig Jahre zu leben, ist zu viel. Bitte, gib mir nur zwanzig Jahre.« Und es geschah so. Als Nächstes erschuf Gott den Hund und sagte zu ihm: »Du wirst voller Aufmerksamkeit über die Wohnstätten der Menschen wachen und ihr bester Genosse sein. Du wirst die Reste von seinem Tisch fressen und fünfundzwanzig Jahre alt werden.« Der Hund antwortete: »Herr, fünfundzwanzig Jahre lang auf diese Art und Weise als Hund zu leben, ist zu viel. Bitte, gib mir nicht mehr als zehn Jahre.« Und es geschah so. Als Nächstes erschuf Gott den Affen und sagte zu ihm: »Du bist ein Affe. Du wirst dich von Baum zu Baum schwingen und wie ein Idiot handeln. Du wirst sehr komisch sein und zwanzig Jahre leben.« Der Affe antwortete:« Herr, zwanzig Jahre als der Clown der Welt zu leben, ist zu viel. Bitte, Herr, gib mir nicht mehr als zehn Jahre.« Und es geschah so.
Als Letztes erschuf Gott den Menschen und sagte zu ihm: »Du bist der Mensch, das einzige vernünftige Wesen, das über die Erde geht. Du wirst deinen Verstand benutzen, um die Herrschaft über alle Lebewesen auf Erden zu bekommen. Du wirst die Erde beherrschen und zwanzig Jahre leben.«
Und der Mensch antwortete: »Herr, Mensch zu sein für nur zwanzig Jahre, ist zu wenig. Bitte, Herr, gib mir die dreißig Jahre, die das Maultier ausschlug, die fünfzehn Jahre, die der Hund nicht wollte, und die zehn Jahre, die der Affe zurückwies.« Und es geschah so.

Und Gott ließ den Menschen zwanzig Jahre als Mensch leben, dann heiratete er und lebte dreißig Jahre wie ein Maultier, arbeitete und trug schwere Lasten. Dann bekam er Kinder und lebte fünfzehn Jahre wie ein Hund, bewachte das Haus und aß die Überreste, wenn die Kinder die Speisekammer geplündert hatten. Dann, in hohem Alter, lebte er zehn Jahre wie ein Affe, handelte wie ein Idiot und belustigte die Enkelkinder.

ARNO BACKHAUS

Kontakt:
Hauptstraße 13
34379 Calden (bei Kassel)
Telefon 05677/1343
bauchladen@arno-backhaus.de
www.arno-backhaus.de